新潮文庫

令和元年のテロリズム

磯部　涼著

新潮社版

11877

目次

まえがき 5
第1章 川崎殺傷事件 11
第2章 元農林水産省事務次官長男殺害事件 67
第3章 京都アニメーション放火殺傷事件 123
第4章 元農林水産省事務次官長男殺害事件裁判 175
第5章 令和元年のテロリズム 231
あとがき 263
追章 令和三年と四年のテロリズム 267

まえがき

元号はただの記号だろうか。いや、明治以降、一世一元の制によって天皇の在位と結びつけられることになったこのタームは、天皇制と国民の関係の変化と共に今や記号としての機能すら弱まりつつあるのかもしれない。戦後の日本において重要な節目と言われる年にしても、西暦で表した方がぴんとくるひとが多くなっているはずだ。昭和20年というよりは１９４５年。昭和43年というよりは１９６８年。平成７年というよりは１９９５年。平成23年というよりは２０１１年。行政では元号が公式に使用され続けているわけだが、そのため平成から令和への改元にあたっては変更手続きの煩雑《はんざつ》さに関して、市井《しせい》の感覚とずれている、非合理的だとの声すら上がった。

しかし１９８９年というよりは平成元年、２０１９年というよりは令和元年と表すことではっきりと思い出される時代の雰囲気もある。昭和から平成に変わる際、重体にあった裕仁《ひろひと》の体温や脈拍、血圧、呼吸数がテレビにテロップで逐一流され、ＣＭでは不謹慎ととられる言葉が消された。平成から令和に変わる際は明仁《あきひと》が明治以降で初となる生前退位を行ったため、世間には一種の高揚感が漂った。後者は言わば国民の象徴として生き方、働き方の変化に添おうとするメッセージだった。天皇制と国民の関係の弱体化が進むとして、改元がそのような重要な意味を持つのは今回で最後かもしれない。

改元がもともと災害や疫病《えきびょう》の流行にあたっても行われていたことから分かるように、社会をリセットする機能を持っているとしたら、それを市井のベクトルから暴力的に企てようとする行為がテロリズムだ。もしくは政治的な意図はないが、その極端さ、陰惨さ故《ゆえ》にテロル（恐怖）が社会に対して影響をもたらす犯罪を広義のテロリズムと解釈するならば、改元の年に起こった凶悪犯罪を検証することで見えてくるものがあるだろう。

平成元年に関しては、3月に女子高校生コンクリート詰め殺人事件が発覚。7月には前年から続いていた連続幼女誘拐殺人事件の犯人＝宮崎勤が逮捕。11月には坂本堤弁護士一家殺害事件が発生。3つ目の事件は平成7年にオウム真理教が起こした文字通りのテロリズムによって、同教団による犯行だったことが明らかになるが、どれも平成を通して行われる議論を突きつけた。

そして本書では平成から令和への改元の際に世間を震撼《しんかん》させた凶悪事件を追う。つまりは令和元年5月28日に起こった川崎殺傷事件、6月1日に起こった元農林水産省事務次官長男殺害事件、7月18日に起こった京都アニメーション放火殺傷事件について考える。また時代性を別の側面から補足するため、改元直前の平成31年4月19日に起こった東池袋自動車暴走死傷事故に始まるいわゆる高齢ドライバー問題も取り上げる。

果たして、私たちが生きているのはどんな時代なのだろうか。一連の事件を検証しながらそれを考えたい。

写真　山谷佑介
1985年新潟県生まれ。立正大学文学部哲学科卒業。主な作品集に『Tsugi no yoru e』『ground』『Use before』『RAMA LAMA DING DONG』『Into the Light』『Doors』などがある。

令和元年のテロリズム

第1章　川崎殺傷事件

茹《う》だるような熱帯夜に和太鼓の音が響き始める。幹線道路が二股《ふたまた》に分かれていく間の三角地帯につくられた、わずかな遊具が並んでいるだけの児童公園。今日はそのがらんとした広場に紅白に彩《いろど》られたやぐらが建てられ、近所の人々が浴衣《ゆかた》姿で集まってくる。たった2時間だけの盆踊りだが、提灯《ちょうちん》の明かりに照らされた踊りの輪は熱気に溢《あふ》れていて、一見すると殺風景なこの街にもちゃんとコミュニティが存在することが分かった。あるいは、参加者は例年と心持ちが違ったのかもしれない。途中でマイクを握った町内会の代表は、暑いので水分をしっかり取るよう注意を促したあと、こう続けた。「今年から子供たちと〝ヤングマン〟を踊ることにしました。皆さんも是非、一緒に踊って下さい」。

「YOUNG MAN（Y.M.C.A.）」は平成30年、脳梗塞《のうこうそく》の闘病の末に急性心不全で亡《な》くなった歌手・西城秀樹の、言わずと知れたヒット曲だ。アメリカのディスコ・グループ＝ヴィレッジ・ピープルのオリジナルがゲイ文化の暗喩《あんゆ》になっているのに対して、西城のカヴァー版は「ゆううつなど　吹き飛ばして　君も元気出せよ」と力強く歌い上げる率直な青春賛歌。近年、音頭《おんど》として使われることも珍しくないが、そんな若者に捧《ささ》げられたこの曲がこの場所で、さらに盆踊りという本来は死者の供養《くよう》のために行われる祭事でかかることに意味を見出《みいだ》さずにはいられないだろう。子供たちがやぐらに上り、両手で勢いよく〝Y〟〝M〟〝C〟〝A〟というアルファベットを象《かたど》りながら踊っている公園の、道路を挟んだちょうど向かいの歩道。そこで約2ヶ月前、スクールバスを待つ列に男が包丁で襲いかかった、通称＝川崎殺傷事件が起こったのだから。

　横断歩道を渡り、事件現場の前で目を閉じて手を合わせる。こちらの歩道は人通りも少なく、背後の祭りの喧騒《けんそう》はまるで彼岸から聞こえてくるかのようだ。事件当時、ここはブルーシートが張られ工事中だったが、今や真新しいアパートが建ち、山となっていた献花を回収したことを告げる注意書きだけが悲劇の記憶を留めている。「この〝令和〟には、人々が美しく心を寄せ合う中で文化が生まれ育つという意味が込められております」（＊1）。神奈川県川崎市多摩区登戸新町で起こった同殺傷事件は、内閣総理大臣・安倍晋三がそう説明した新元号に改められて間もなく発生した凶悪事件というだけでなく、〝8050問題〟を始めとする、前元号＝平成の間、先送りにされてきた問題を露呈させたこともあって、新たな時代の課題の象徴として盛んに議論された。しかし犯人が自死したため早々と迷宮入りし、また世間では日々起こる陰惨な事件によって印象が薄れつつある。それでもこうして歩道に立って目を閉じれば、突然刺された被害者の恐怖がありありと感じられるのだ。背筋が寒くなって振り返ると、暗闇《くらやみ》の中、灯《あかり》に照らされた子供たちの楽し気な様子が見えた。果たして、真相を究明するという形での供養がなされる日はくるのだろうか。

梅雨の前触れのような、どんよりとした蒸し暑い朝だった。令和元年5月28日、火曜日、朝7時40分頃。明け方まで酒を飲んで自宅に帰ってきた雑誌編集者の前田太一（仮名）は、ベッドの横の窓を開けて寝ていた。彼が12年前に購入したこの一軒家は、小田急線とJR南武線が交差する登戸駅から直線距離で250メートルほどの位置にある。玄関の前には南武線の線路が、反対側にはマンションを挟んで幹線道路が走っている。2階の寝室の窓は幹線道路の方を向いており、歩道には地元のカトリック系・私立小学校＝カリタス小学校のスクールバスの停留所が設置されている。そのため平日の朝、登校時間になるとバスを待つ子供たちの賑《にぎ》やかな声が聞こえてくる。ただこの日はそれがいつまでも止《や》まず、次第に大きくなっていった。目を覚ました前田は、騒ぎの中に「男のひとが……」「男のひとが……」という複数の声を聞き取った。

前田はまだ酒が残っていて身体《からだ》が重かったが、妙な不安にかられてベッドから起き上がると1階へ降りた。「露出狂でも出たのだろうか」。まず考えたのはそんなことだった。玄関の前では地元の公立小学校の3年生である長男が友達を待っていた。同校に通う6年生の長女はどうしたかと聞くと、もう向かったという。「ちょっと様子を見に行ったほうが良さそうだな」。そう思った時、目の前をカリタス小学校の制服を着た女子児童たちが左へ——登戸駅の方へ必死の形相で走り過ぎて行った。前田は居ても立ってもいられなくなって、彼女たちがやって来た方へ向かう。線路沿いの道を少し歩いて右に曲がると、幹線道路側に出る。そこはコンビニエンス・ストアの駐車場になっているのだが、前田の目に飛び込んできたのは血だらけでうつ伏せになり、周りの人々に声をかけられている女性の姿だった。

更にスクールバスの停留所の前にもスーツ姿の男性が仰向けに横たわっており、コンクリートに赤黒い染《し》みができている。パトカーも救急車も来ていない。近隣住民や通行人はどうしたらいいのか分からず、騒然としている。駅の方へ20メートルほど行ったところには川崎市バスの停留所があって、その辺りにも人だかりが見える。前田の足元にはファスナーが開いた黒いリュックサックが転がっていたが、特に気に留めなかった。「露出狂どころではないぞ」。次に彼の頭をよぎったのは自動車の暴走事故だ。約1ヶ月前の4月19日には東京都豊島区東池袋で、87歳の元官僚＝飯塚幸三《いいづかこうぞう》が運転する車が時速100キロ近いスピードで赤信号を無視して横断歩道に突っ込み、8人が負傷、3歳の子供と31歳の母親が死亡するという事故が発生。メディアでは高齢ドライバーの危険性が盛んに報道されていた時期だった。

しかし前田がその場に居合わせた作業着姿の若者に何が起こったのか訊《き》くと、彼は言った。「通り魔みたいですよ。刃物を持って次々に刺していったって」。鳥肌が立った。犯人はまだ近くにいるのかもしれない。すぐに玄関の前にいる息子を家に入れて、学校へ向かった娘の安否を確認しなければ。携帯電話も持たずに飛び出してきた前田は慌《あわ》てて引き返す。すれ違う人がみな刃物を隠し持っているように思えて、身を硬くした。

現場に戻った前田が iPhone のカメラで撮った写真には、7時48分と記録されている。そこには駆けつけた警察官や救急隊員らの姿が写っている。その時点でカリタス小学校の児童である11歳の女児と、別の児童の保護者である男性が心肺停止状態だった。女児は右鎖骨付近から首の左側にかけて深い刺し傷が、男性は背中2箇所、胸と

首に1箇所ずつ刺し傷があり、胸のそれは心臓にまで達していた。ふたりは蘇生《そせい》措置を施されたものの、搬送先の日本医科大武蔵小杉病院で死亡を確認。松田潔副院長は記者会見で「どうしても命を救えず、残念な気持ちでいっぱいだ。犯人に激しい怒りを感じている」と語った。同病院の他、計4箇所に19人が搬送。1人が自力で病院へ向かった。その内、40代の女性と小学生の女児3人が重傷。被害者が負った傷のほとんどは顔やあご、首、肩など、上半身に集中していた。搬送者の中には黒いポロシャツにジーンズ、黒い作業用手袋を身につけた坊主頭《ぼうず》の犯人と見られる男もいたが、首に2箇所深い傷があり、話ができる状態ではなかった。結局、男は何も語らないまま病院で死亡が確認される。

事件当日は、令和初の国賓として迎えられたアメリカ合衆国大統領＝ドナルド・トランプの日本滞在最終日にあたった。午前10時半頃、妻のメラニア・トランプ、そして安倍晋三、昭恵夫妻と共に神奈川県横須賀市の海上自衛隊横須賀基地に停泊している護衛艦〈かが〉を訪れた彼は、演説の際、その数時間前に同県内で起こった殺傷事件に触れ、「犠牲者に謹んで哀悼の意を捧げる。全《すべ》てのアメリカ国民は日本国民と共にある。共に悲しんでいる」と述べた。

一方、事件現場では、前述の犯人と見られる男が倒れていた市バス停留所付近で、神奈川県警が血の付いた刃渡り30センチの柳刃包丁２本を発見。また、やはり前述した通り、近くのコンビニエンス・ストアの駐車場にあった黒いリュックサックも押収《おうしゅう》された。目撃者によると男はそこから凶器を取り出し、カリタス小学校のスクールバスを待つために列を作っていた児童や付き添いの保護者らに襲いかかった後、20メートルほど走って逃げ、突然自死したという。リュックサックからはさらにワイシャツに包まれた刃渡り約25センチの文化包丁と約20センチの刺身包丁、遺体のジーンズのポケットからは裸の現金10万円と保険証が発見された。県警は保険証の情報から、男を現場より西に４キロほど離れた川崎市麻生区多摩美《あさおたまみ》に住む51歳の岩崎隆一と推定。直《す》ぐ自宅へ向かうと、伯父と伯母にあたるという高齢の夫婦が現れた。しかし遺体の顔写真を見せられた彼らはこう答えたのだ。「……知らない人です」。

結局、自宅で採取した指紋及びＤＮＡを鑑定した結果、犯人と見られる遺体はやはり岩崎隆一だと特定される。そのような手間もあって、県警は犯人の身元発表までに12時間も要することになってしまった。ちなみに、事件発生から３時間後には週刊誌の記者が岩崎邸に電話をし、伯父が対応。その時も「こちらに隆一さんという息子さんはいますか？」という記者の質問に対して、彼は「いるような、いないような」と不可解な答え方をしている（＊2）。

　事件翌日、県警は岩崎邸を殺人容疑で捜索した。1階にある隆一の部屋に踏み込むと、6畳のそこは日中にも拘《かかわ》らず雨戸が閉まっていて暗く、染みのついた布団《ふとん》が敷きっぱなしだった。ただ、物は少なく整然としていた。遺留品で事件に直接関係していると見られたのは、包丁の空き箱4つぐらい。他に置かれていたのはテレビ、ゲーム機の〈プレイステーション4〉やゲームソフトの『バイオハザード』『ドラゴンクエスト』等。猟奇殺人事件を扱った雑誌「週刊マーダー・ケースブック」の「シャロン・テート殺人事件」号及び「パリ留学生人肉食事件」号を発見したと意味深長に報道されたが、メディアはそれぐらいしか取り上げる話題がなかったということだ。実際は20年以上前に刊行されたそこそこ知られた本で、決して特異ではないし、最近開いた形跡もなかった。

　ノートも押収したが雑学や駄洒落《だじゃれ》、〝正〟の字が書き連ねてあったりとほとんどが意味不明で、事件の背景は読み取れない。飲食店のポイントカードやレンタル店等の会員証もない。病院の診察券はあったがそれも20年前に作られたもので、運転免許も未取得。更にこの時代に珍しいのは、パソコンや携帯電話がなかったことだ。伯父夫婦によると隆一はそんな部屋で長期間、いわゆる引きこもりの状態だった。彼らから

小遣いをもらっていたが、トイレや冷蔵庫の利用方法にルールを設け、接触を避けていた。犯行直前、耳にかかるぐらい長かった白髪混じりの髪を丸刈りにしたと見られ、そんな風に長らく顔を合わせていなかった伯父夫婦は、写真を提示されても本人だと判断できなかったのだ。家族ならば髪型ぐらい変わっていても分かりそうなものの、それだけ関係性が希薄だったのだろう。また、コンビニエンス・ストアに行くために外出する姿が時折近隣の住民に目撃されているが、交友関係はここ20年間不明で、写真も中学校の卒業アルバムに掲載されていた以降のものは見つからなかった。捜査関係者は「誰とも接点を持たずにどんな生活を送っていたのか」「人柄が全くと言っていいほど見えてこない。本当に実在したのかと思うくらいだ」と首を傾《かし》げた。

＊

「川崎で無差別殺傷事件が発生」。筆者が第一報を目にしたのは事件当日の朝、子供を保育園に連れて行く準備をする合間に、iPhoneで手癖のように立ち上げたTwitterだった。パソコンに向かい仕事を始めてからも心がざわざわとしたままで、事件について繰り返し検索した。前述した通り、犯人の身元はなかなか明らかにならなかったわけだが、その間、Twitterで飛び交っていたのが「〝川崎〟はやっぱり治安が悪いな」「〝川崎〟なら犯人は外国人だろう」「外国人だから名前が隠されているのだろう」というようなステレオタイプやヘイトスピーチである。そしてそれらを読んで感じたのが、自身の責任だ。夕方、筆者はいまだに全貌《ぜんぼう》が見えない中で言葉を選びながら、事件の背景となった〝川崎〟という土地について説明をするツイートをタイプし始めた（＊3）。

〝責任〟と書いたのは他でもない、筆者は平成29年に『ルポ　川崎』（サイゾー）という〝川崎〟が舞台のノンフィクションを発表していたからだ。売れないライターにしては珍しく10刷を重ねた同書のコンセプトのひとつには、取材当時も蔓延《まんえん》していたヘイトスピーチに抗することがあったが、その前提を描く中で「〝川崎〟は治安が悪い」というステレオタイプを強化してしまった側面もあるだろう。例えば冒頭で取り上げたのは、平成27年に〝川崎〟で立て続けに起こったふたつの陰惨な事件だ。

まず平成27年2月20日早朝、川崎市川崎区港町の多摩川河川敷で中学一年生の少年の全裸遺体が発見される。全身に痣《あざ》や切り傷があり、特に首は頭部の切断を試みたのではないかと思えるほど刃物で深く傷つけられていた。死因は頸動脈《けいどうみゃく》の損傷による出血性ショック。膝《ひざ》には擦り傷がついており、跪《ひざまず》かせた上で背後から首を切り付けたと見られた。1週間後に18歳の少年ひとりと17歳の少年ふたりが逮捕。事件は少年犯罪として近年稀《まれ》に見る残虐《ざんぎゃく》さだったことに加えて、その殺害方法が当時話題になっていたテロ組織＝ＩＳＩＬ（イスラム国）の処刑方法を模したと思われたこと、もともとは仲間だった犯人グループと被害者がまだ目新《まあたら》しかったＬＩＮＥで連絡を取り合っていたことなどから、現代的な事件としてメディアで盛んに取り上げられた。ただし川崎区で少年問題に関わるソーシャルワーカーに話を聞くと、事件の背景にあったのは同地で脈々と続く非行の問題だ。むしろ事件直後からインターネット上で第三者によって盛んに犯人探しが行われ、実際の犯人グループだけでなく無関係な若者に関する個人情報が多数晒《さら》されたこと、犯人グループの中に海外にルーツを持つ者がいたためヘイトスピーチが横行、川崎区内で排外主義を掲げるデモが悪質さを増したことなど、事件に対する反応にこそ現代性が表れていたと言えるだろう。

そして中一男子生徒殺害事件の約3ヶ月後、5月17日深夜にはやはり川崎区の日進町にある旅館〈吉田屋〉で火災が発生。火は隣接した旅館〈よしの〉に燃え移って2棟が全焼し、11人が死亡、17人が重軽傷を負った。放火によるものと見られているが、いまだに犯人は捕まっていない。世間を驚かせたのは、被害者のほとんどが高齢の生活保護受給者だったことだ。現場となった旅館は正確には旅館業法で〝簡易宿所〟とされるもので、狭い部屋に安い値段で泊まることが出来る、俗に言う〝ドヤ〟。日雇い労働者に重宝されてきたが、今や身寄りのない老人の収容施設と化していたのだ。要因のひとつには、行政が路上生活者対策として彼らに簡易宿所を斡旋《あっせん》してきたことがある。更に行政は宿所側が収容数を増やすために行った違法改築を黙認、それが火の回りを早く、かつ避難を難しくさせた。この火災事件の背景にあるのは労働者の高齢化、貧困化という〝川崎〟の新たな課題だ。つまり、以上ふたつの事件はこの土地の歴史に位置付けることが出来るし、それは日本の近代史と重なる。

現在の川崎区――中でも川崎駅周辺の土地は、もともと東海道五十三次のふたつめの宿場＝川崎宿として栄えていた。それが大正時代に多摩川沿いや臨海部へ工場誘致を開始、軍需産業を担《にな》うようになったが、太平洋戦争で大規模な空襲を受け、焼け野原と化す。その後、復興のきっかけも朝鮮戦争にともなう特需景気だった。また、宿場から工場地帯へと発展したこともあって、いわゆる〝飲む（酒）、打つ（ギャンブル）、買う（売買春）〟の業種も盛んになった。必然的にアウトローの力が増し、それは現在まで川崎区の不良少年少女を抑圧し続けている。中一男子生徒殺害事件の犯人グループと被害者には、地元不良の強固な上下関係から弾《はじ》かれたため自分たちで小さな上下関係をつくり、こじらせ、リンチに至ったという経緯がある。

川崎区の工場地帯には仕事を求めて各地から労働者が集まってきた。その中には朝鮮半島にルーツを持つ人々もおり、彼らは苦しい生活の中で寄り添うようにバラック群を形成、池上町や桜本といったエリアには現在でもその名残が見られる。また、昭和60年代以降は東南アジアや南米からの移民も増加していく。前述の日進町には戦後の復興期、建設需要にともなって簡易宿所がひしめき合う〝ドヤ街〟がつくられた。中一男子生徒殺害事件の犯人グループや簡易宿所放火事件の被害者たちは、それら川崎区に集まってきた移住者たちの子孫だったり、年老いた姿だったりするだろう。

日本の近代化を先導した川崎区という土地は公害や差別のような時代の歪《ゆが》みを体現してきたし、高齢化や移民社会化のような現在進行形の課題を突きつける。そしてその姿は、再開発によって半ば覆《おお》い隠されているという点でも示唆《しさ》的だ。中一男子生徒殺害事件の現場も今や3棟からなるタワーマンションの目の前だし、日進町では火災以降、行政が掌《てのひら》を返すように簡易宿所の取り締まりを強化、やはり新たなマンションに建て替えられつつある。しかし不良少年も路上生活者も居場所を移動させられただけで、問題が解決したわけではない。東京オリンピックに向けた建設需要やインバウンドに沸く人々は、川崎＝日本の影の部分に目を向けようとしない。だからこそ、筆者はその影に取り残された人々に会い、彼らの物語を描こうと思ったのだ。

長くなったが、以上が『ルポ 川崎』の導入部で、つまり同書の取材対象となっているのは主に川崎区である。ただし〝川崎〟は現在の川崎区にあたる川崎町を基点として範囲を広げ、川崎市は７区（麻生区、多摩区、宮前区、高津区、中原区、幸区、川崎区）からなる北西南東に細長い形をしている。川崎市民が前者４区を〝北部〟、後者３区を〝南部〟と呼ぶのは、それぞれ発展の仕方と街の性格が異なるからだ。前述したように、まず南部が工場地帯として、続いて北部が隣接する東京のベッドタウンとして開発された。令和元年の川崎殺傷事件の当日にTwitterに出回ったステレオタイプやヘイトスピーチは、川崎南部の性格を基にしていたと言っていいだろう。しかし事件が起こった多摩区登戸、犯人が住んでいた麻生区多摩美は川崎北部に位置する。もちろん、仮に犯人が外国人や外国にルーツを持つ者だったとしても、犯罪とバックグラウンドを安易に結びつけてヘイトスピーチを行っていいわけがないが、それらが誤った認識から発せられている以上、川崎南部と北部の性格の違いとその変化についてはしっかりと考えておくべきだろう。

近年は南部で再開発が進み、川崎区～幸区の川崎駅周辺、中原区の武蔵小杉駅周辺が新たなベッドタウンとして注目されることが多いが、前述したように、それによって〝川崎＝日本の影の部分〟が覆い隠されているというのは、川崎北部的な綺麗《きれい》さ、平坦《へいたん》さが、南部的な猥雑《わいざつ》さ、多様さを侵食していったのだとも言える。一方で北部的なものによってつくり出される影もある。かつて川崎南部が公害や差別といった高度成長期の歪みが表れる場所として語られ、中一男子生徒殺害事件や簡易宿所放火事件はそれが現在でも形を変えつつ残っていることを告発するのだとしたら、最初に川崎北部的な影を象徴する事件として受け止められたのが、昭和55年に起こった金属バット両親殺害事件だ。

昭和55年11月29日、土曜日、朝9時頃。川崎市高津区宮前平（＊4）の一軒家に住む女性がチャイムに応じてドアを開けると、そこには隣家の次男＝一柳展也《いちりゅうのぶや》が顔面蒼《そう》白《はく》で立っていた。「親父《おやじ》とおふくろが大変なんです……」。そう言う彼について女性が一柳邸に上がると、1階のふたつの寝室は血の海と化していた。父親は頭蓋骨《ずがいこつ》を叩《たた》き割られ、血しぶきが天井にまで達している。母親は顔面を潰《つぶ》され、人相すら分からない。展也は駆けつけた警察に対して、昨晩ウイスキーを飲んで寝て起きたらこの有様だった、強盗による犯行ではないかと主張した。しかし彼は葬儀の後、身を寄せていた伯母の家で犯行を示唆。自宅の部屋の天井裏から凶器の金属バットが発見され、殺人容疑での逮捕に至る。

事件が起こった宮前平は、昭和54年に地価上昇率全国1位を記録した地区だ。そんな人気の新興住宅地を舞台にした家庭内殺人は、更に殺された父親が東京大学出身で大手ガラスメーカー＝旭硝子の東京支店長だったこと、長男が早稲田大学を卒業後、やはり大手企業に就職していたこと、一方、犯人＝次男の展也は大学受験に失敗し2度目の浪人期間中だったこと、事件前夜に彼が進路に関して父親から叱責《しっせき》されていたことなどから、展也のコンプレックスとフラストレーションが爆発して起こった〝エリート家庭の悲劇〟という切り口でセンセーショナルに報道された。中には展也が事件後も平然としていると書き立てる記事や、彼と母親の間に近親相姦《きんしんそうかん》関係があったのではないかと憶測する記事さえあった。ノンフィクション作家の佐瀬稔《みのる》は著作『金属バット殺人事件』（草思社、昭和59年）において、メディアが一柳家のエリート振りや展也の不気味さを強調するのは、世間の人々がこの事件は特別な家庭で異常な人物が起こしたものであり、自分たちとは無関係だと思いたいという欲求を満たすためだと分析する。実際には一柳家の父親はエリート街道に乗っていたとは言い難い人物だったし、また展也もどこにでもいるような青年だった。佐瀬は、この事件はむしろごく普通の家庭でごく普通の人物が起こした事件だからこそ恐ろしいのだと書く。

世間が求めたのが異常であることの安心だとしたら、佐瀬が強調するのは普通であることの怖さだ。彼はP・A・ウォルターズ・ジュニアによるステューデント・アパシーや、展也の裁判に弁護側の証人として出廷した稲村博《ひろし》と矢花芙美子《ふみこ》による思春期挫折《ざせつ》症候群、及び無気力症といった、精神科医が提唱する症例を参照しながら——もしくは、現代の若者はテレビやマンガで大量の虚構の死に触れているが、核家族が故《ゆえ》に長年一緒に暮らした祖父母を看取《みと》るような現実の死に触れる機会には縁遠い、といった怪しげな俗流若者論を織り交ぜながら——一見、普通の青年が内面では重度の抑圧を抱えており、それがふとしたきっかけで爆発するのだ、と持論を展開していく。そしてそういった若者をアメリカのテレビドラマになぞらえ、彼らは普通の青年の皮を被《かぶ》った「インベーダー（侵入者）」であると危機感を煽《あお》る。「多数をもって正常であるとするならば、昭和五十五年十一月二十九日、川崎市の高台の家で起こったことは、日本中のどこの正常な家でも起こり得る。かすかな動作で動き出す起爆装置は、いい子たちが誰でも持っている」。宮前平のような核家族で構成される新興住宅地はインベーダーが潜む、忌《い》まわしい場所だというわけだ。

金属バット両親殺害事件では、藤原新也《しんや》による一柳邸の外観の写真もよく知られている。昭和56年10月、写真週刊誌「FOCUS」（新潮社）の連載「東京漂流」で撮られた同作品は、青空をバックに何の変哲もない一軒家を捉《とら》えたものだが、プリントのコントラストの強さもあって独特の不穏さを湛《たた》えており、当時を代表する前衛的なロック・バンドだったEP-4のアルバム『昭和大赦《たいしゃ》』（日本コロムビア、昭和58年）のジャケットにも使われた。その写真について「不動産屋の写真と同じじゃないか！　こんなもの、俺《おれ》だって撮れるよ」と言った者がいたという。対して藤原はこう反論――いや、賛同している。「私がその「事件の家」を撮る場合、方法として選んだのは、毎週金曜日の新聞の朝刊に折り込み広告として誰の家にも配達される、あのアート紙にカラーで印刷された「不動産建築広告」の写真の技法であった。（略）／それらの家々は、我々の高度成長の一つの結末を十分に象徴する程度に眩《まぶ》しい。／そしてそれは、我々のその二〇年間の夢想をアート紙の上にイメージ化してみせながら、現日本人の審美眼に切なく問いかける一片の映像詩でもある」。

昭和47年にインドの風景を被写体とした作品『印度放浪』（朝日新聞社）でデビューした藤原は、「東京漂流」という連載のコンセプトを「私が日本というものに目を向け始めてから、その国とのはじめての正面からの対峙《たいじ》であり、また、一三年間にわたるアジアの旅を、自分の国に返す、必然的な作業でもあった」と説明する。そして川崎市高津区宮前平の一柳邸の撮影に向かう東急田園都市線の中、車窓から眺めた新興住宅地の光景について以下のように書く。「詩的な光景だなァと思う。今まで私はこの種のニッポンの文化的といわれるプラスティックで無味な建築を見て何のイメージも生まれてきたことがなかった。しかし今は違う、実に詩的である。金属バット事件は一九八〇年一一月二九日を境としてニッポンの風景の見方を変えてくれたとさえいえる」（＊5）。彼は佐瀬と同じようにその清潔で均質的な空間にある種の異常さを感じ、写真家として欲情したのだろう。

研究者の金子淳《あつし》は著作『ニュータウンの社会史』（青弓社、平成29年）において、高度経済成長期に誕生したニュータウン（＊6）は、もともと理想のライフスタイルを体現する空間として見られていたが、次第に清潔で均質的であるが故に、非人間的かつ病理が巣くう空間として見られるようになっていったとまとめている。彼がその先駆けとして挙げるのは脚本家の山田太一が手掛けたテレビ・ドラマ『岸辺のアルバム』（TBS系、昭和52年）だ。同作は新興住宅地を舞台に、一見幸せそうに見えて実際には空虚さを抱えている核家族が崩壊していく過程を描いている。クライマックスで彼らを襲うのは昭和49年9月に起きた多摩川水害。真新しい一軒家がまるで空き箱のように流される実際のニュース映像が象徴的に使われるが、19戸が被害を受けたその場所は令和元年に起きた川崎殺傷事件現場の多摩川を挟んだ向かい側、東京都狛江市である。ちなみに現代日本人の肖像を描き続けた山田は長年川崎北部に住み、同地周辺を度々作品に登場させている。

山田が『岸辺のアルバム』で描いた川崎北部的＝新興住宅地的病理は、一柳展也による現実の事件を通して世間にはっきりと認識されるようになる。20年後、平成9年に神戸市郊外の須磨ニュータウンで起きた〝酒鬼薔薇聖斗《さかきばらせいと》〟による連続児童殺傷事件でも背景として盛んに挙げられたのが同様の病理である。では、令和元年の川崎殺傷事件はどうだろうか。この頃になると川崎南部のドヤ街と同じように、北部の〝新興〟住宅地もまた老いを隠せなくなっていた。

＊

「ほら、あのナナフシ、大きいでしょう」。夕暮れ時、盆踊りの輪を眺めていると、隣にいた高齢の男性が不意に言った。彼が指す方を見ると、グロテスクなくらい大きなナナフシが木にとまっている。「本当だ。大きいですね」「そうでしょう。あんな大きなもの、なかなかいないですよ」。男性は何処《どこ》か得意げだった。頭上からはやはり都内で聞くことが少ない、ヒグラシの鳴き声が響いてくる。ここは川崎市麻生区多摩美の多摩美公園。公園と名付けられているが空き地のような場所で、奥には多摩丘陵の深い森が広がっている。冒頭で書いた通り令和元年8月1日と2日、川崎殺傷事件現場前の登戸第1公園で盆踊りが行われたが、前週の7月27日には犯人＝岩崎隆一の自宅があるこの街でも開催されていた。

「余所《よそ》から来たんですけど、この盆踊りは昔からやっているんですか？」。そう聞くと、男性は頷《うなず》く。「もう長いこと続いていますが、毎年、住民だけで運営しているんですよ」。確かに広場中央のステージを取り囲む屋台店は手作りの雰囲気で、いわゆるテキ屋の猥雑さはない。大して特徴のない、如何《いか》にも住宅街の盆踊りだとも言えるが、意外なくらい若い夫婦と子供が多く活気がある。一方で、登戸第1公園に漂っていた追悼の雰囲気も全くないのだった。

タイミングを見計らい、話題を変えてみる。「そういえば、この街って例の犯人が住んでいたんですよね」。男性は顔色を変えずに言う。「近所だっていう実感がないんですよ」。男性は多摩美に30年以上住んでおり、自宅は岩崎家と道を3つ隔てた距離だが、同家のことは何も知らないのだという。「この盆踊りにしても、東日本大震災があった年は親類に亡くなった人がいるかもしれないということで中止にする案が出たんですが、今回の事件は議題にすら上りませんでしたね。皆、私のように実感がないんだと思う」。

実は事件の取材をしていると男性に言うと、彼は渡した名刺をじっと見つめ、町内の人々が集まっているところへ持って行った。場がざわつき始める。潮時だと思い、会釈《えしゃく》をして公園を後にする。住宅街の急勾配《きゅうこうばい》を上って、岩崎邸の前に着く頃には祭囃《まつりばや》子《し》は聞こえなくなっていた。さらに少し上ると街の頂上から北西方向に、東京都稲城市と川崎市多摩区にまたがる大型レジャー施設〈よみうりランド〉が見える。振り向けば、多摩丘陵沿いに一軒家がびっしりと立ち並んでいる。

多摩美は広大な多摩丘陵の、東の端に造られた住宅街だ。もともとは山林や畑だった土地で、昭和32年に宅地開発が、34年に入居が始まった。第1世代は協力して都市ガスを引いたり、私道を公道へ変えたりと街づくりに取り組んだという。寺院がなかったため、41年には築地から浄土真宗・妙延寺を呼び寄せている。住居表示に〝多摩美〟が採用されたのは53年で、名はこの地の自然の美しさに因《ちな》んだ。岩崎家の登記簿謄本《とうほん》を調べてみると34年に隆一の祖父が土地を購入して家を建てているので、まさに入居第1世代に当たる。

しかし多摩美で岩崎隆一の存在感は薄い。事件発生直後はこの静かな住宅街に大勢の記者やカメラマンが押し寄せ、興奮状態の中で囲み取材に応じた住民もいたが、今はほとんどが口をつぐんでいる。何かを隠しているというよりは、これまでの情報を統合しても、大して何も知らないのが実情だろう。現在、岩崎邸はインターフォンのボタンを押しても、チャイムが家の中で響く音が聞こえるだけである。建物は近所でも際立《きわだ》って古く、ほとんど改装をしていないように思える。

岩崎邸と同じ区画に住む90歳の女性は、玄関先でかつての多摩美の様子を説明してくれた。「昔、この辺りには蝶《ちょう》がたくさんいましてね。花に寄ってくる様子を楽しんでおりました」。昭和40年、都内の中高一貫校に理科の教師として勤めていた彼女と、同じく教師の夫が越してきた頃にはまだ家は所々に建っている程度で、多摩丘陵の自然が豊富に残っていたという。そして前述した通り、岩崎家は既に居を構えていた。「今、お隣の家が建っている場所も当時は原っぱだったのですが、岩崎さんのおじいさまが草を鎌《かま》で刈ったり、環境に気を使われていたことを覚えております」。女性は幼い隆一の姿も記憶にある。「ただ皆さん、実の兄弟だとばっかり思っておりましたからね……」。後述するように隆一は早くに両親が離婚し、岩崎邸で伯父夫婦の2人の子供たちと共に育てられたのだ。

女性が入居してからしばらく経《た》つと、多摩美にも住宅が次々と建っていった。「最寄りの小田急線・読売ランド前駅から通勤していたのですが、電車が本当に混雑して。新宿駅に着いても今のように乗り換えが便利ではないので、いったん外に出なくてはいけなかった。私は背が低いものですから、雨の日は人様の傘が屋根のようになった下を通って行きましたよ」。岩崎邸は平成2年に所有権が隆一の祖父から伯父へと移

っている。その時期に祖父が亡くなったようだ。女性は葬儀にも出席したという。「とにかく、ご近所さんもみな良い方でございまして、環境も静かな良いところでございまして、だからどうしてあんなことが……」。

女性が言葉に詰まると家の奥から鼻に人工呼吸器のチューブを着けた男性が出てきて、「もうそろそろ勘弁して下さいよ」と言った。やはり90歳になる女性の夫で、子供はいないためふたりで暮らしているという。彼にも話を聞きたかったが、耳が悪いようで難しかった。玄関先に停《と》められていたＢＭＷは埃《ほこり》をかぶり、長い間、動かされた気配がなかった。

多摩美にも日本の多くの街と同様、高齢化の問題が迫っている。道ではデイケアの車と頻繁にすれ違うし、そもそも岩崎家の裏手の家はデイケア・センターとして使われていた。民家かと思いチャイムを押すと制服を着た男性が現れて、迷惑そうに「この辺りのことは何も分からない」と言うだけだった。

一方、読売ランド前駅で乗ったタクシーの運転手は、岩崎邸に頻繁に呼ばれ、隆一の伯父を病院へ送り届けていたと証言した。多摩美の坂は急で、高齢者が生活するには非常に不便な土地だ。だからこそ家を売って施設に入り、空いた家にまだ子供が小さい家族が住むという世代の循環も起こっている。多摩美の一戸建ての家は現在２０

00万円台より販売されており、都心に近い場所で自然に囲まれて子育てがしたいのならば買い得だと考える人もいるだろう。そして事件前、岩崎家の伯父夫婦の場合はまさに多摩美から介護施設へ、転居を検討している時期だった。

*

「事件はどういうふうに知ったんだっけかな……」。島田雅彦《まさひこ》はキッチンでストロングゼロを呷《あお》り、スペイン産の赤魚をさばきながら回想する。「まず犯行現場が登戸で、カリタスの子供たちが襲われたと聞いて、すごく近い場所で起こった事件だと思ったわけですけど。その後、犯人の自宅の住所が分かって驚きましたよね」。炎天下に坂道を上ってきたので、大理石の床がひんやりとして気持ち良い。冷えたビールを飲みつつリビングの大きな窓の外に広がる鬱蒼《うっそう》とした森を眺めていると、果たして自分がどこにいるのか分からなくなってくる。――いや、ここは他でもない多摩美である。

「今日はB級ですけどね」。島田がテーブルに運んできてくれた手料理はどれも手が込んでいて、それらを肴《さかな》に、芥川賞選考委員を務める作家と無差別殺傷事件の犯人が交差した街について聞いた。

島田によると、多摩丘陵に住み始めた第1世代の文学者としては庄野潤三《しょうのじゅんぞう》が挙げられるという。昭和36年、庄野は小田急線・生田《いくた》駅から丘を上っていった現在の川崎市多摩区三田にあたる土地に、彼曰《いわ》く〝山の上の家〟を建て、家族で住み始めた。その生活は代表作『夕べの雲』（講談社、昭和40年）を始め、多くの作品の題材となっている。島田は言う。「その頃は生田から庄野さんのお宅まで一軒も家がなくて、途中に落ちているものは全部自分たちのものだと。ただ、家を見晴らしのいい丘の上に建てたものだから、最初、ものすごく後悔するわけです。風がビュービュー吹きっさらすので。それで風避《かぜよ》けの木を植えようとすることが『夕べの雲』に書かれていますね。わんぱくな息子さんがアオダイショウを首に巻いて帰ってきたり、ワイルドライフですよ」。

島田は庄野が〝山の上の家〟を建てた昭和36年、東京都世田谷区の深沢で生まれている。そして4歳の時にやはり現在の多摩区にあたり、多摩川沿いに位置する稲田堤へと移住した。「当時の世田谷もまだ自然が残っていましたけど、稲田堤は多摩丘陵を開拓して住宅地をつくり始めた頃でしたから。道路も舗装されていなくて荒野というか、西部劇みたいなところだと思った記憶があります。実際、よく時代劇のロケをしていた。電柱が立っていないからちょうどいいんだ。つまり、多摩丘陵と多摩川という自然の間に〝おでき的〟に生じた町が自分の原風景ということになりますかね」。

島田の自伝的小説『君が異端だった頃』（集英社、令和元年）では、内気だった少年時代、実家の裏に広がる多摩丘陵の自然は煩《わずら》わしい人間関係から逃れるためのシェルターのように機能したと書かれている。あるいは捨てられていた雑誌のヌード写真を通して、性を目覚めさせてくれた場所として。やがて川崎北部＝多摩区の新興住宅地から、南部＝川崎区の工場地帯にある県立川崎高等学校に越境することになった島田は、そこで充実した人間関係に恵まれることになる。「〝北部のやつって、学業と部活の両立で悩んでるんだぜ〟ってバカにされるわけです。不良も多かったですけど、文芸部の先輩がスケバンで、彼女に可愛《かわい》がられたことで助かった」。ちなみに、金属バット両親殺害事件の犯人＝一柳展也は島田と同学年。やはり浪人生活を経て東京外国語大学外国語学部露語学科に入学した島田は、自分と同じ歳《とし》の2浪の青年が、同じ川崎北部で起こした事件が強く印象に残っているという。「（一柳家があった）宮前平もよく知っているところだったので。小学校のときからあそこのプールに通っていたんです」。

そして大学に合格した次の日、島田が久しぶりに多摩丘陵へ向かうとそこは一変していた。「君がかつて自分の怒りと悲しみを捨て、縄文土器を拾い集め、裸のヴィーナスをかくまっていた雑木林は消滅し、陰影のないニュータウンが出現しようとしていた。もう自我の目覚めを促してくれた森に帰ることはできない。この先は知らない世界に出かけてゆくほかない」（『君が異端だった頃』より）。

しかし時が経ち、子供が生まれた平成4年、島田が新居に選んだのは稲田堤と同じ川崎北部＝麻生区多摩美の丘腹に建つ古家だった。彼はシェルターに戻ってきたのだ。やはり原風景の郊外で子育てをしたい、ただし多摩ニュータウンのように多摩丘陵を切り崩して造った街ではなくもともとの地形が残っている街、急行は止まらないけれど駅から近い街――などなど、諸々《もろもろ》の条件に見合ったのが多摩美だったという。「最初に越してきた日、夜にひとりで寝たんですけど、静か過ぎて耳が痛くてね。朝になったら今度は野鳥の鳴き声がうるさくて起こされた。それだけ自然が近いんですね」。島田が買った古家は多摩美の入居第1世代のもので、引っ越してきた頃はちょうど住民の世代が入れ替わろうとしていた。「相続した家もあるでしょうけど、私の家のように売買で持ち主が変わるケースも多くて。あとは最近、増えているのがアパートを建てたり、シェアハウスにしたりAirbnbに登録したり。私も平成12年に家を建て替えた」。

件《くだん》の盆踊りはなかなか盛況だったが、ほぼ平成を通して街の移り変わりを見てきた島田にとっては、コミュニティが弱体化したと感じるようだ。「若い夫婦は町内会に入りたがらない人も多いので、近所付き合いが無くなってきていると思いますね。昔、近所の子供が集まる駄菓子屋があったんですけど閉まってしまったし、スーパーも潰《つぶ》れて、今は皆、車で最寄りではいちばん栄えている新百合《しんゆり》ヶ丘《おか》まで行く」。そんな中、川崎殺傷事件が起こった。

一時期、多摩美を離れていた岩崎隆一がこの街に戻ってきたのは、島田が移住して5年ほど経った頃である。以降、隆一は伯父夫婦の家の6畳間に引きこもった。島田は言う。「自分はひょっとしたら、事件よりもずっと前に多摩美であの犯人を見たことがあるかもしれないんですよね。犯行時って黒い服だったでしょう。同じような格好で、挙動不審だったから印象に残っているんです」。隆一にとっては自室がシェルターだったのだろうか。彼は時折そこから外に出る際、身を隠すように黒ずくめを選んだのかもしれないが、その姿は街の景色が変わっていく中、異様な存在として浮いていたのだ。

＊

事件までの経緯を改めて振り返ろう。まず、犯人＝岩崎隆一の人生を辿《たど》っていくと、昭和42年12月28日に生まれた彼の幼少期は平穏とは言い難い。４、５歳の頃に両親が離婚し、父親が親権を持つ。そして身を寄せたのが多摩美に建つ実家である。そこには隆一にとっての祖父母、伯父夫婦と従姉兄が住んでおり、大所帯での生活が始まった。しかし隆一の父親はすぐに〝蒸発〟してしまう。

隆一の少年時代に関して、祖父母の家で差別を受けていた、従姉兄に比べて無下に扱われていたと証言した近隣住民がいる。一方、前述したように岩崎家と同じブロックに住む90歳の女性は「実の兄弟だとばっかり思っておりましたから」と語り、分け隔てはなかったという印象を持っていた。親族は取材に対して口をつぐんでいるが、子供たちの境遇の明らかな違いとして分かっているのは、従姉兄は私立小学校に、隆一は地元の公立小学校に通っていたことである。ちなみに従姉が通っていたのが、まさに事件の標的となったカリタス小学校だ。そこから、犯行の動機には岩崎家における扱いに対する積年の恨みがあったのではないかという憶測が広まった。とは言え、進路に関しては祖父母や伯父夫婦が差別したわけではなく、例えば隆一の卒園時にはまだ父親がいて、彼が地元の多くの子供と同様に公立小学校に通わせることを決めたとしても不自然ではない。また、伯父夫婦は事件が起こるまでの長期間、引きこもった隆一の面倒を見ていたわけで、彼を家族の一員と思っていなければできないことだろう。

小学校の卒業アルバムで隆一について同級生が書いた「〝へっこき〟とよばれています。岩崎君は〝へっこき〟〝へっこき〟とよばれて、なんともないのかしら」という文章が報道されたことから、彼がいじめを受けていたのではないかと見る向きも多い。ただし、これも以下のように続く文章全体に目を通してみると印象が変わってくる。「岩崎君は、先生におこられているときが多いです。授業中もふざけているときとまじめなときとがあります。字は以外（引用者注：原文ママ）とうまいです。給食を食べているとき岩崎君をみているととっても早くていつも全部食べてしまいます。岩崎君はいつも男の子たちとボールであそんだり友達にのっかったりしてふざけることもあります」。ここから浮かび上がってくるのは、ごく普通の少年の姿だ。〝へっこき〟のくだりにしても、同級生が子供らしくふざけた調子で書いた文章とも読める。

その後には担任教師から隆一へのメッセージが掲載されている。「動物の世話が大好き。けんかも……好きなのかな？　一人でいる時は、とっても、ものわかりのいい子なのですが……。勉強は、人をたよることが多かったですね。自信を持って!!」。担任が隆一の性格に注意を払っていたことが分かるが、このような子供はいくらでもいるだろう。もちろん、両親の離婚や父親の失踪《しっそう》程度で苦労したとは言えない、〝へっこき〟と呼ばれた程度でいじめとは言えない、などとその境遇を軽んじたいわけではない。そうではなく、事件と犯人の生い立ちとを結びつけるにはあまりにも情報が足りないのだ。そもそも、近隣住民にしても同級生にしても隆一のことを覚えていないと話す者の方が多く、微《かす》かな記憶を事件から遡《さかのぼ》る形で引っ張り出す時、あたかも特殊な人物だったかのように脚色が加えられてしまった可能性を考慮しなくてはならない。

隆一は小学校を卒業後、地元の公立中学校に進学したが、彼の学年は11クラスもあったという。隆一が生まれる前年＝昭和41年は干支《えと》で〝丙午《ひのえうま》〟にあたった。60年に1度巡ってくるこの年を不吉だとする迷信は、当時、今よりもずっと信じられていて、いわゆる産み控えが起こる。そのため、第2次ベビーブームに向かって子供の数が年々増加している時期だったにも拘らず、昭和41年は出生数が前年比で25％減少。対して、昭和42年は42％増加となる（＊7）。つまり、隆一も両親が災いを避けるために昭和42年を選んで産んだ子供なのかもしれない。そしてそんな大勢の生徒の中、彼は大して特徴のない少年だったのだろう。事件直後、隆一の同級生のＬＩＮＥグループは騒然となったが、彼はそのグループにいなかったし、彼の近況を知る者すらいなかったという（＊8）。

ましてや、隆一は事件直後に自死してしまった。犯行の意図について何も語らない

どころか、自室にも事件の背景を読み取れるものはなかった。更にパソコンや携帯電話を持たず、インターネット上にも彼の人生の痕跡《こんせき》は見つかっていない。事件直後の捜査関係者の言葉に「人柄が全くと言っていいほど見えてこない。本当に実在したのかと思うくらいだ」というものがあったが、取材を取りまとめた大手新聞社のデスクは「いわゆる通り魔事件や無差別殺傷事件の犯人に往々にしてみられる承認欲求のようなものが、まったく感じられなかった」と振り返る。川崎殺傷事件を分析するにあたって度々引き合いに出される平成11年の池袋殺傷事件、平成13年の大阪教育大学附属池田小殺傷事件、平成20年の秋葉原殺傷事件、平成28年の相模原障害者施設殺傷事件などでは、犯人たちは事件前後に多くの言葉を残しており、そこからは彼らにとって、犯行がある種の身勝手な自己表現だったことが伝わってくる。しかし、隆一の場合はどんなに情報を掻《か》き集めても、彼のイメージはのっぺらぼうのままである。

隆一にまつわるエピソードで最も人間味を感じさせるのは、〝雀士《ジャンし》〟としてのものだ（＊9）。昭和58年に地元の公立中学校を卒業した彼は、横浜市にある職業訓練校の機械科に進学。2年間学んだ後、同校の紹介で就職するが、その頃から町田駅近くの雀荘〈J〉に入り浸るようになったという。やがてそこで従業員として働き始め、近所のアパートに部屋を借りる。〈J〉での仕事の内容はウェイターの他、自身の金で客と麻雀《マージャン》を打つ〝本走〟も務め、営業後は隆一の部屋に同僚が集まった。当時の友人が振り返るのは青春の日々を送る、至って健全な若者の姿だ。

島田雅彦にとって、川崎北部の新興住宅地にある実家の裏に広がる多摩丘陵の自然は、煩わしい人間関係から逃れるためのシェルターのように機能した。そんな島田の人生は川崎南部の工場地帯にある高校に通い、均一的な北部とは違う雑多な人間関係に巻き込まれる中で動き出していく。隆一もまた多摩美から出たことで世界の広さを知っただろう。そして島田も隆一も30歳を過ぎた頃、再び多摩丘陵で暮らすことになる。ただし、前者が多摩美に家を買った目的が、子育てという未来へ向かう営みのためだったとしたら、後者が同町の実家に帰ったことは、振り出しに戻ったことを意味しただろうし、結局はそこが行き止まりだった。

雀荘〈J〉の元オーナーは、隆一のことを以下のように思い出す。「麻雀は物凄《ものすご》く強かった。責任感も強かったので、夜中から朝10時までの夜番の主任を任せていました。メンバーは自分のカネで現金打ちをするから、給料が20万でも負けが続けばアウト（店への借金）を作ってしまうものですが、彼は10代なのにいつも7万、8万のカネをポケットに入れて、それだけで賄《まかな》っていた。麻雀をやる人間は、ゲームの時に財布を出すと舐《な》められるから財布を持たないんです」。約30年後、20人を殺傷した直後に自死を遂げた彼のジーンズのポケットには、10万円が裸で入っていたことが報道された。それを知った元オーナーは、「『彼らしいな』と思いました」（＊10）と言う。

ここ20年の隆一の消息について取材することは暗闇《くらやみ》の底を覗《のぞ》き込むようなものだ。平成2年に祖父が亡くなり、平成9年には祖母が亡くなった。隆一が多摩美に戻ったのはその後のことである。従姉兄は既に家を出ており、伯父夫婦との3人暮らしが始まる。以降、平成10年前後から引きこもりの状態になっていったと思われ、時折外出する姿を近隣住民が見かけた以外、証言はほぼ途絶える。そんな中、まずはっきりと目につく動きをしたのは伯父夫婦だった。

事件直後に行われた川崎市の記者会見によると、平成29年11月、メンタル・ヘルスの問題について当事者や家族の相談を受け付けている同市の〈精神保健福祉センター〉に、隆一の伯父夫婦から電話がかかってきた。彼らは「高齢のため訪問介護を受けたいが、家に〝引きこもり傾向〟で〝直接の会話がほとんどない状態〟の親族がおり、そこに介護スタッフが入ってきても大丈夫なものなのか」と心配していたという。以降、事件発生4ヶ月前の平成31年1月までにやり取りは電話で6回、面談で8回、計14回行われるが、伯父夫婦が隆一を刺激したくない意向を持っていたため、センター側は彼に直接会おうとは考えなかった。

岩崎家への訪問介護サービスが始まったのは平成30年6月。前述した通り、伯父夫婦は近い将来に介護施設へ移ることを念頭において候補先の見学も積極的に行っていた。彼らにとって、隆一をどうするかは差し迫った問題だったのである。具体的な行動としては平成31年1月、センター側の提案を受けて、隆一の部屋の前に今後についての意思を問いただす手紙を置いている。そしてそれを読んだ隆一は伯父夫婦の前に姿を現し、「自分のことは自分でちゃんとやっている。食事や洗濯だって。それなのに〝引きこもり〟とはなんだ」と言ったという。文字面《づら》で見ると強い言葉に感じるが、伯父夫婦は担当者へ「本人の気持ちを聞くことができて良かった。しばらく様子をみたい」と報告したとのことで、センター側もそれ以上は働きかけなかった。しかし隆一の言葉は今思えば宣戦布告でもあった。程なくして彼は犯行の準備を始める。事件前、伯父夫婦と顔を合わせたのはその反論の際が最後だった。

平成31年2月、隆一は自宅の最寄り駅＝読売ランド前駅から下りで6駅離れたターミナル駅であり、引きこもる前にひとり暮らしもしていた町田駅近辺の〈東急ハンズ〉に向かい、刃渡り30センチの柳刃包丁2本を購入している。店は事件後に押収《おうしゅう》された空箱の値札から判明したが、合計で3万円近くする高価なものだったといい、殺傷能力を重視したと考えられる。隆一の足取りで次に確認できているのは、改元を挟んで事件の4日前にあたる令和元年5月24日、金曜日の朝だ。読売ランド前駅と事件現場の最寄り駅となる登戸駅、そして事件現場周辺の防犯カメラにその姿が映っていた。犯行の下見として、カリタス小学校のスクールバスを待つ児童の様子を確認しに行ったと思われるが、同小学校は翌日の土曜日が運動会。週明けの月曜日は振替休日だった。隆一が月曜日に登戸駅に降り立った様子はなく、犯行は火曜日に行われる。つまり、彼はカリタス小学校のスケジュールを把握していたことになる。凶器の事前購入と合わせて、計画的犯行であった証拠だ。パソコンも携帯電話も持っていなかった彼だが、入念に情報を収集していた。後述する通り、登戸駅から犯行現場に向かうルートも練られたもののように思える。

令和元年5月28日の午前7時頃、隆一は多摩美の自宅を出た。時系列を遡ると、前年の夏――それは岩崎家への訪問介護サービスが始まった時期だが、同家近隣の40代の女性は隆一とトラブルになったという。彼女の証言によると、早朝、何度もインターフォンが鳴った。女性の夫がドアを開けると、隆一が「庭から道路にはみ出した木が目に入った」と怒鳴り散らし、口論は30分近く続いた。隆一に関する証言の中でも、特にその不安定で激しい面をうかがわせるものだ。そして犯行当日の朝、隆一はその女性とでくわしている。女性がゴミを出していると、隆一が黒っぽい格好で自宅の門《もん》扉《ぴ》を開けて出てきた。女性に気付いた隆一は「おはようございます」と言い、そのまま立ち去った。至って普通のやり取りだが、隆一がそんなふうに挨拶《あいさつ》をしてきたことは初めてだったので、女性は妙に思ったという。

その後、隆一は事件現場へ直行したと見られる。多摩美の急な坂を下り、読売ランド前駅で新宿方面行きの小田急線に乗って、3駅先の登戸駅で7時半頃に下車。改札を出て階段を降りれば、駅の西側に出る。当時、登戸駅周辺では大規模な再開発工事が始まろうとしていた。隆一はその数週間後には取り壊されてしまった商店街を抜けて行ったはずだ。通りの外れには移設作業の告知が貼《は》られた地蔵があって、右手が南武線の踏切になっている。その線路を渡って数十メートル行くと幹線道路に突き当たるので、歩道を左手に進めばカリタス小学校のスクールバスの停留所に辿り着く。

しかし、隆一は線路を渡った後、すぐ左手に曲がり、南武線沿いに続く裏道を歩いて行ったようだ。この途中で滑り止めの作業用手袋をはめた。そして3つ目の角で右手に曲がると、幹線道路沿いにあるコンビニエンス・ストアの駐車場に出る。隆一はそこにリュックサックを置くと、包丁を取り出して両手に持ち、幹線道路の歩道を駅へ戻る形で走り出した。その先にはバスを待つ児童や保護者の背中がある。バスは駅の方向からやってくる。列はそちらを向いていた。要するに隆一が駅から幹線道路の歩道を歩いてくれば、児童や保護者と対面してしまう。彼は背後から奇襲するために、裏手のルートを選んだのだろう。

隆一はまず保護者の男性の背中を刺した。続けてもう一度。男性は突然の衝撃に振り返ったところ、胸に包丁を突き立てられる。この傷は心臓まで達した。さらに首を刺される。次に隆一はまだ列に加わっていなかった児童に駆け寄り、やはり首を深く刺す。その次には保護者の女性を刺した。そして走りながら、列をなす児童たちを次々に切りつけて行く。バスの入り口ではカリタス小学校の教頭が乗車の誘導をしていた。彼は後方からの悲鳴を聞き、驚いてそちらを見ると、男が両手に包丁を持って児童たちに襲いかかっていた。バスの運転手も騒ぎに気が付き、「何をやっているんだ！」と怒鳴る。すると、隆一はあっさりと攻撃を止《や》めて駅に向かって走り出し、スクールバスの停留所から20メートル程離れた川崎市バスの停留所を越えた辺りで、両手の包丁の刃を自分の首に向けた。そして、ためらうことなく深く突き刺すと、一気にかき切った。犯行開始からここまで、ほんの数十秒間の出来事だった。

当初、隆一は犯行時に「ぶっ殺してやる」などと叫んでいたと報道されたが、実際は終始無言だったようだ。特定の人物を狙《ねら》った様子もなく、その点では確かに無差別殺傷事件だった。ただしこれまで書いてきた通り、犯行は通りすがりではなく現場の下見も含めて計画的だ。無差別殺傷事件の犯人はしばしば動機として〝誰でもよかった〟と口にするが、隆一の場合はカリタス小学校を標的と定めることに何らかの理由があったことは間違いない。ちなみに、ポケットに裸の10万円が入っていたのは犯行後の逃走を考えていた可能性もあり、自死に関しては衝動的なものだったのかもしれない。

いずれにせよ、これ以上推測するにはやはり情報が足りない。「両親に見捨てられ、親族に差別され、学校でいじめられ、その後、20年にわたって引きこもった男が恨みを晴らすため、かつて従姉が通っていた私立小学校を標的に殺傷事件を起こした」という分かりやすい物語に事件を回収することはできない。黙々と20人を殺傷した男は、結局永遠に沈黙し、後には計り知れない悲しみと不可解な謎《なぞ》が残されることになった。

繰り返すが、ここ20年の岩崎隆一について取材することは暗闇を覗き込むようなものだ。それは深い、底が見えない穴だ。我々は彼がいた暗闇の奥にじっと目を凝らすしかないのか。隆一は30年と4ヶ月続いた平成の約3分の2を、雨戸を閉め切った6畳間にひきこもって過ごした。そして元号が令和へと変わり、彼が深く暗い穴から4本の包丁を入れたリュックサックを背負って出てくると、穴の底に溜《た》まっていた淀《よど》んだ空気も外へ漏れ、広がった。殺傷事件が起こると共にこの国が抱え込んでいた問題が露呈したのだ。

＊

社会学者の小熊英二《おぐまえいじ》は編著者を務めた『平成史』（河出書房新社、平成24年）の総説において、「平成」時代を象徴する言葉に「先延ばし」を挙げる。西暦でいうと１９８９年１月８日から２０１９年４月30日までの期間にあたるこの元号は、「一九七五年前後に確立した日本型工業社会が機能不全になるなかで、状況認識と価値観の転換を拒み、問題の「先延ばし」のために補助金と努力を費やしてきた」。「老朽化した家屋の水漏れと応急修理のいたちごっこにも似たその対応のなかで、「漏れ落ちた人びと」が増え、格差意識と怒りが生まれ、ポピュリズムが発生している」。「だが「先延ばし」の限界は、もはや明らかである」と。川崎殺傷事件は犯人＝岩崎隆一の自死によって早々と迷宮入りした一方で、社会に対して課題を突きつけた。そのひとつが、いわゆる〝８０５０問題〟である。同問題もまた平成の間、「先延ばし」にされ、「限界」に達しているもののひとつだ。

８０５０問題――あるいは７０４０問題とは、引きこもりが長期化した結果、当事

者が40代～50代に差し掛かって社会復帰が更に困難になる上、それを支える親も70代～80代と高齢化、介護の必要に迫られ、家庭環境が崩壊しかねないことを危惧《きぐ》するものだ。ちなみに〝引きこもり〟という言葉が公文書で使われるようになったのは平成の始め。その後、同元号を通して抜本的対策が打てなかったことは、改元直前の平成31年3月に内閣府が発表した、40歳から64歳の引きこもりが推計で61万3000人存在するという衝撃的な調査結果に明らかである。平成28年には、引きこもりは若年層の問題だとして対象を15歳から39歳に絞り、54万1000人という調査結果を出していた。しかし中高年層の事例の指摘が相次ぎ、いざ上の世代を調査してみると、重複する部分もあるものの若年層以上の数が存在したわけだ。また、5割が7年以上、2割弱が20年以上にも亘《わた》って引きこもり続けていることが分かった。この調査は当事者に回答をさせる手法で、引きこもりの自覚がないものは対象外。数字は氷山の一角だという指摘もある。そして内閣府の発表の2ヶ月後、まさに7040／8050問題を体現するような男が殺傷事件を起こしたのだ。

事件後、メディアは岩崎隆一に関する新しい情報が得られないこともあって、7040／8050問題を盛んに取り上げていくようになる。それに関して、同問題の命名者とされるソーシャルワーカーの勝部《かつべ》麗子《れいこ》は、引きこもりへの早急な対策が必要だという前提で、「引きこもりと事件の動機との因果関係は分かっていない」「当事者はそれぞれ異なる事情を抱えている。誰もがこうした事件を起こすという偏見が助長されることを危惧する」と警鐘を鳴らした（＊11）。

もうひとつ、川崎殺傷事件を語る際のキーワードとなったのが「一人で死ね」だ。テレビでは著名人から隆一に対して「死にたいなら一人で死んでくれよ」「自分一人で自分の命を絶てばすむこと」「死ぬのなら自分一人で死ねってことはしっかり教育すべき」「人間が生まれてくる中で不良品って何万個に1個、これはしょうがない。こういう人たちはいますから絶対数。もうその人たち同士でやりあってほしい」（＊12）といった発言が相次ぐ。同様の言葉はインターネット上でも多く見られたし、隆一の生い立ちや7040／8050問題との関係で言うと、「同じような環境で育ったり、同じような境遇で苦労している人間が皆、殺傷事件を起こすわけではない」といった意見も多かったが、これは先の勝部の警鐘と似ているようで、突き放すようなニュアンスが大分違う。

一方、『下流老人』（朝日新聞出版、平成27年）などの著作で知られる社会活動家の藤田《ふじた》孝典《たかのり》は「川崎殺傷事件『死にたいなら一人で死ぬべき』という非難は控えてほしい」（＊13）という文章を発表。誰に対しても「社会はあなたの命を軽視していないし、死んでほしいと思っている人間など一人もいない、という強いメッセージを発していくべき」「自分が大事にされていなければ、他者を大事に思いやることはできない。社会全体でこれ以上、凶行が繰り返されないように、他者への言葉の発信や想《おも》いの伝え方に注意を」と書いて、犯行を個人の問題に還元するのか、社会全体の問題として包摂するのか、議論が起こる。

岩崎隆一による無差別殺傷事件は〝引きこもり〟〝高齢化社会〟〝7040／8050問題〟といった政治的問題を社会に突きつけた点でテロリズムだったと言えないだろうか。もちろんそれは狭義《きょうぎ》の〝テロリズム〟からは外れる。例えば、平成28年から内閣情報分析官としてテロ情勢の分析を担当していた小林良樹は、「学説上、テロの定義については様々な見解が存在しており、現時点では明確な決着は付いていない」と断った上で、テロリズムに関する主要な学説や主要国の法律に共通して含まれている要素を3つ挙げる。

①目的として何らかの「政治的な動機（political motive）」を持つこと。
②目的達成の手段として、（直接の被害者等のみならず）より多くの聴衆に対する「恐怖の拡散（spreading fear）」を狙っていること。

③そのために「違法な暴力（illegal violence）あるいは暴力による威嚇《いかく》（threat of violence）」を利用すること。

これまで見てきたように、隆一の動機は分からないままだ。一方で小林は「日本国内で悲惨な大量殺人事件等が発生した際にはニュース報道等において「これはまさしくテロだ」等の指摘がなされる場合があります。他方で、同様の大量殺人事件等であっても、「テロだ」とはほとんど指摘されない場合もあります。こうした違いはなぜ生じるのでしょうか」と疑問を呈している（＊14）。批評家の東浩紀《あずまひろき》は平成20年6月、当時25歳の派遣社員だった加藤智大《かとうともひろ》が秋葉原駅近辺の歩行者天国で無差別殺傷事件を起こした際、「絶望映す身勝手な「テロ」」（「朝日新聞」平成20年6月12日付）という文章を発表、「筆者はこの事件をあえてテロととらえたいと思う」と書いた。そしてそれについてインタヴューで「なぜあえて（引用者注：テロという言葉を）使ったのかというと、ネットでの（同：秋葉原事件に対する）共感の声がロスジェネ（ロスト・ジェネレーション。バブル崩壊後の就職氷河期、いわゆる「失われた一〇年」に社会に出た世代）の運動に代表されるような若年層の怒りと繋《つな》がっていると思われたからです」「やはり少し過激な言い方をしてでも、この問題は社会全体で考えるべきであるというメッセージを発する必要があると考えました」と解説している。この

「社会全体で考えるべき」事件こそが、テロリズムとして捉えられる事件だとも言えるだろう。

また東は同インタヴューで〝犯罪について語ること〟について以下のように語ってもいる。「全体的にみても、今回の秋葉原事件はあまり語られていない。むしろ、語ることに対して私たちは自粛しなければならないというメタ言説の方が主流となっています。酒鬼薔薇聖斗事件（一九九七年）やオウム事件（一九九四〜九五年）、もう少し前の連続幼女殺害事件（一九八八〜八九年）の頃とは、環境が変化しています」。最後の宮崎勤が起こした事件はオタク第1世代の負の側面を象徴するものとして、ひとつ目の酒鬼薔薇聖斗が起こした事件は前述した通りニュータウン的環境を背景としながら、平成12年の西鉄バスジャック事件などと共にいわゆる「キレる14歳／17歳」を象徴するものとして盛んに論じられた。酒鬼薔薇と同じ昭和57年生まれの加藤の秋葉原事件も、結果的には多くの言葉が費やされたと言っていいだろう。それでも東は言う。「現代社会では、異常性を備えた事件を通して社会全体を理解するという、社会的包摂の回路そのものが弱体化しています」「したがって、何か異常な事件が起きたとき、それに対して過剰に意味を読み解こうとする行為そのものが、愚かにみえてしまう。むしろ、単なるアノマリー（異常なもの）としてリスク管理で処理しなさい、だって単なる犯罪でしょ、というスタンスの方が賢くみえてしまう。そういう時代になっています」（＊15）。では、それから更に10年以上経った現在ではどうか。

ポピュリストたちが隆一に投げつけた「一人で死ね」なる言葉は、遺族の怒りを代弁しているつもりだったのだろう。しかしそこには、7040／8050問題を始めとする社会的背景から隆一を引き剝《は》がし、個人に問題を抱え込ませ、彼をもともとた深く暗い穴の底にもう一度突き落とすかのような——事件を社会的なものとして受け止めてなるものかというような強い意思が感じられた。更にその言葉はまた別の男の背中を押し、もうひとつの殺人事件を起こすことになるのだ。男とは、元農林水産省事務次官＝熊澤英昭《くまざわひであき》である。あるいは彼こそが、誰よりも真剣に岩崎隆一の事件を〝テロリズム〟として受け止め、影響されたのかもしれない。悪意は伝染していく。

＊1　平成31年4月1日、内閣総理大臣記者会見
＊2　「週刊ポスト」（小学館）令和元年6月14日号を参照
＊3　令和元年5月28日の夕方から夜にかけて、筆者は自身のTwitterアカウントから以下の文章を投稿している。
「〝川崎〟殺傷事件という報道での呼称が独り歩きしているようですが（そしてそこに拙著タイトルと帯文も関係していることに責任を感じていますが）、川崎市は細長い形をしていて、『ルポ　川崎』の主な取材先であ

る南部・川崎区と、今回の事件が起きた北部・多摩区とでは地域としての成り立ちも環境も違う」

「川崎市北部についてはこの記事（引用者注：平成30年11月にカルチャー・サイト〈CINRA.NET〉で発表した記事「川崎ミッドソウル――アフター〈ルポ 川崎〉」）で論じています。80年に高津区（現・宮前区）で起きたいわゆる金属バット両親殺害事件が、当時、時代（＊ニュータウン／川崎市北部的なもの）を象徴する事件として盛んに語られましたが、今回の事件をどう考えればいいのか正直まだ分かりません」

「今は被害に遭われた方、周りの方のことを思うと言葉を失ってしまいますし、自分は小さな子供を持つ親として果たして何が出来るだろうと考え込んでしまいます」

「最初のツイートは事件直後から蔓延したヘイトスピーチに異を唱えるものでもあります。そこには〝川崎〟と外国人集住地域と犯罪を結びつけるステレオタイプがある。実際は〝川崎〟も様々で、多摩区は外国人集住地域ではないし、集住地域であろうとなかろうとそんな見方は許されない」

ちなみに最初のツイートにある、拙著＝『ルポ 川崎』の帯文とは「ここは、地獄か？」というものだ。また岩崎隆一が起こした事件には〝川崎殺傷事件〟以外にも様々な呼称がある。Wikipedia の項目は当初、〝川崎殺傷事件〟というタイトルだったが、現在は〝川崎市登戸通り魔事件〟に変更されている。

＊4　事件時の住所。昭和57年、高津区は人口増加に伴い一部が宮前区になり、宮前平もそこに含まれた。

＊5　以上、「　」内の文章は藤原新也『東京漂流』（情報センター出版局、昭和58年）より引用

＊6　金子は同書で〝ニュータウン〟には狭義と広義の定義があり、前者の「設置主体」「開発手法」「規模」という3つの条件を満たす代表的な街として、多摩ニュータウンを挙げる。一方、後者は「郊外に立地する新興住宅地全般を指す」「恣意的かつ曖昧な意味合い」で、多摩美や宮前平はこちらに含まれるだろう。

＊7　井戸まさえ「【川崎事件】岩崎容疑者はなぜ伯父夫妻を襲わなかったのか」（〈現代ビジネス〉、令和元年6月5日付）を参照

＊8　「週刊ポスト」令和元年6月14日号を参照

＊9　〝雀士〟としてのエピソードは「週刊文春」（文藝春秋）令和元年6月13日号を参照

＊10　〈J〉の元オーナーの発言は同右より引用
＊11　「産経新聞」令和元年5月31日付朝刊より引用
＊12　順に、立川志らく（TBS系「ひるおび！」、令和元年5月28日）、安藤優子（フジテレビ系「直撃LIVE グッディ！」、5月28日）、橋下徹（フジテレビ系「日曜報道 THE PRIME」、6月2日）、松本人志（フジテレビ系「ワイドナショー」、6月2日）の発言
＊13　〈Yahoo!ニュース個人〉5月28日付
＊14　以上、『テロリズムとは何か――〈恐怖〉を読み解くリテラシー』（慶應義塾大学出版会、令和2年）より引用
＊15　以上、東の発言は社会学者・大澤真幸が編集した『アキハバラ発〈00年代〉への問い』（岩波書店、平成20年）所収のインタヴュー「「私的に公的であること」から言論の場を再構築する」より引用。ちなみに、同じ単行本に収められた社会学者・佐藤俊樹の論考「事件を語る現代――解釈と解釈ゲームの交錯から」は、「一つ一つの犯罪事件について、私はできるだけ語らないことにしている。事例の一つとしてあつかえる、とか、事件への「世論」の反応をあつかう、といった形でのみ論じるべきだと考えている」と始まる。全体としては犯罪件数が減っていく中で、凶悪犯罪の特殊性が強調され、「解釈ゲーム」が横行することに警鐘を鳴らしており、こちらも重要な視点だと言えるだろう。

第2章

元農林水産省事務次官長男殺害事件

「川崎殺傷事件、動機不明のまま捜査終結」。令和元年9月2日、報道機関各社が一斉にそう伝えた。神奈川県警は事件発生から約3ヶ月間でのべ２１００人の捜査員を投入。容疑者＝岩崎隆一が20年間引きこもっていたと見られる川崎市麻生《あさお》区多摩美《たまみ》の自宅の部屋を2度に亘《わた》って家宅捜索した他、親族を含む３９０人もの関係者に事情聴取をしたが、その上で犯行動機は不明と結論付けざるを得ず、既にこの世にいない男を書類送検することでもって捜査に幕をおろしたのだ。

事件の標的とされたカリタス小学校の運営母体〈学校法人カリタス学園〉の高松広明事務局長は、県警の発表にあたって校門前で取材に応じ、隆一については「コメントはない」が、事件については「動機の解明がなかった。『何で』というのが分からないまま終わるのは残念だ」と語った（＊1）。

捜査終結の発表に伴い新たな情報として報道されたのは、隆一がこれまでに明らかになっていた事件の4日前＝令和元年5月24日以外にも、5月22日、事件現場に加えてカリタス小学校周辺を歩く姿が防犯カメラの記録から確認できたことで、入念な計画性がさらに裏付けられた。しかしそこまでだ。川崎殺傷事件は正式に迷宮入り事件となった。

一方で、同事件に影響を受けたもうひとつの殺人事件の捜査が続いていた。凶悪事件は往々にして発生から間もないうちに模倣犯を生むが、その殺人事件が特殊なのは、被害者が川崎殺傷事件の犯人のようになることを恐れて――言わば予防的に起こされたものだったということだ。あるいは多くの場合、模倣犯の背中を押すのは報道だが、その犯人は岩崎隆一に対して複数の著名人が投げつけた「一人で死ね」という言葉を自分なりに実行したように思える。

令和元年6月1日午後3時半頃、東京都練馬区早宮の熊澤《くまざわ》邸から警察へ通報があり、76歳の熊澤英昭《ひであき》が44歳の息子＝熊澤英一郎を殺害したと告げた。駆けつけた練馬警察署員は、1階和室の布団《ふとん》の上で仰向けに倒れていた血だらけの英一郎を発見。死因は首の右側を深く切られたことによる失血死だった。首の他の場所や胸などにも計数十箇所の傷があり、絶命した後も刺し続けられたと見られた。

英昭は取り調べに対して、英一郎は「引きこもりがち」の状態だったと語った。また、彼は中学2年生の頃から家庭内暴力を振るい始めたとのことで、確かに英昭の身体には英一郎に殴られた痕《あと》と思《おぼ》しき痣《あざ》があった。そして犯行当日は熊澤邸に隣接する練馬区立早宮小学校で朝から運動会が行われていた。英一郎はその音に対して、「うるせえな、ぶっ殺すぞ」などと発言したという。英昭は「怒りの矛先が子供たちに向かってはいけない」と考え、台所の包丁を使って英一郎を殺害。その際、意識したのが、4日前に起こった川崎殺傷事件だった。「息子も他人に危害を加えるかもしれない。周囲に迷惑をかけたくなかった」。英昭はそう説明した（＊2）。

事件は容疑者＝熊澤英昭が元農林水産省事務次官だったため、エリート一家の崩壊という下世話な切り口で連日大々的に報じられた。それはやはり約40年前に起こった金属バット両親殺害事件を思い起こさせたし、ふたつの事件は加害者と被害者の関係が反転したかのようだった。あの夜、仮に一柳展也《いちりゅうのぶや》が両親の頭にバットを振り下ろさず、鬱屈《うっくつ》した人生を送り続けたら、最後は親から凶器を向けられたのだろうか。

家にはそこに住む家族の内情が表れるということを、早宮の熊澤邸の前に立って改めて思う。多摩美の岩崎邸は周囲から取り残されたように古びており、実際、住民の

6

世代が入れ替わっていく中、家は内部にいわゆる7040／8050問題を抱え込んでいた。一方、熊澤邸は如何《いか》にも豪邸であるかのように報道されたが、実際に足を運ぶと少し異なった印象を持つだろう。

平成10年、英昭が審議官の時代に新築した延べ床面積115・72平方メートルの2階建ては、少し古びた箇所が目につくものの確かに立派なつくりで、丸みを帯びた洋館風の出窓が洒落《しゃれ》た雰囲気を醸《かも》し出す。ただし周辺はいわゆる高級住宅地ではなく、家の裏側には畑が広がる。

早宮は、もともとひとつの地主一族が所有していた土地が徐々に分譲されていった。そのせいか住宅が建ち並ぶ区画はところどころ道が入り組んでおり、熊澤邸も車が1台通れる程度の道を25メートルほど進んだどん詰まりに位置する。更にこの道は別の家が所有する私道で、かなり不便な立地だといえるだろう。何処《どこ》かひっそりと、人目を避けるように建てられた雰囲気すらある。

私道の所有者のひとりで、その道沿いに50年前から家を構えている男性は、かつて熊澤家が引っ越してくることは近所の噂《うわさ》になっていたと語る。「お役人だし、いい給料をもらってるんでしょう。それなのにこんな行きどまりの家を買う人はいないよ、って話してたんだ」。近隣の女性も同じように当時を振り返った。「不動産屋に『今度、凄《すご》いのが来るよ！』と言われて、誰かと思ったら熊澤さんだった。この辺は庶民しかいませんから。本来、ああいう人が住むような所じゃないんです」。

私道で車が停《と》められないため、朝は少し離れたところでハイヤーが英昭を待っていたという。また、英昭が事務次官就任直後の平成13年にはＢＳＥ（牛海綿状脳症）――いわゆる狂牛病問題が起こり、責任者だった彼の家にも取材者が押し寄せた。近所では相当浮いた存在だったようだが、前述の女性は悪い印象は持っていなかった。

「ご主人は腰の低い方で、会うと挨拶《あいさつ》してくれますし、いつもゴミ出しをしていた。奥さんはちょっと〝うつ〟っぽい感じがあったけど、出かけるときはシャキッと……あのお役人が着る服、何ていうんでしたっけ？　そうそう、ブレザーを着て、日傘を差してね」。

熊澤家には殺害された英一郎の9歳下の妹もいて、女性は熊澤夫婦が海外へ行った際、留守番をしていた彼女の面倒をみたこともあったという。「ピアノをやっていて、綺麗《きれい》な子でしたけど、奥さんと同じで対人恐怖の気があったかな。まぁ、私には良いところのお嬢さんのことなんて分からないですよ。ましてや、息子さんなんて見たこともなかった」。そして令和元年6月1日の午後、前述の男性が帰宅すると家の前に規制線が張られており、彼は「自分の家に入れねぇってどういうことだよ」と憤《いきどお》った。

前述の女性は「うちはいつも窓もドアも開けっ放しなんで、怒鳴り声なんかがしたら聞こえるはずだけど、事件にまったく気づかなかった」と首をかしげる。

　近所にあるカラオケ・スナックで昼間から酒を飲んでいた高齢者たちは、「あれは余所《よそ》から来た家だから」と何処か他人事《ひとごと》だ。「息子を殺すのはいいよ。でも自分も死ななきゃだめだよ！」。威勢のいいママが怒鳴ると客は流石《さすが》に苦笑いする。横では男女が腰に手を回し合いべたべたしながら「二輪草」をデュエットしている。確かにこういう店には英昭は来ないだろう。やはり熊澤家はどこか土地とちぐはぐな印象を与えるのだ。

　逮捕後、英昭は東京拘置所へ移送され、妻も人目を忍ぶように早宮を離れた。しかし令和元年9月末、久しぶりに熊澤邸に足を運ぶと、以前と少し違うところがあることに気付いた。閉め切られていた雨戸の一部が開いているではないか。カーテンの隙間《すきま》から暗い部屋が見える。

「帰ってきてるのよ！」。喫茶店で出くわした前述の女性はこちらの顔を見るなり言った。他の近隣住民たちからは、どうやら妻は家を売りに出したらしいと教えてもらっていたのだが。「この前、奥さんとばったり会ったのよ。それで聞いたら、売りに出そうと思ってたんだけど、外に出たことで里心がついちゃって『戻ろう』と決めたんだって。びっくりしちゃった。『終活、よろしくね』なんて言われたわ」。夫が息子を惨殺《ざんさつ》した家で暮らし続けるというのはちょっと驚いてしまう感覚だ。あるいはそれが彼女なりの人生のやり直し方なのだろうか。英昭も再びここに帰ってくるのだろうか。それにしても一家は早宮に引っ越してきた時、どんな未来を思い描いていたのだろうか。

町の理髪店の主人は当時のことを覚えている。「英昭さんは無口なひとだったね。注文したら黙ってテレビをじっと見ているだけ。でも最初の頃、『今度、息子を来させますから』と言ったことがあって。それでしばらくしたらやってきて、『熊澤です』と挨拶したのが英一郎さんだった」。後述するが、英一郎は無精で常に髪が伸び、英昭はその身なりを度々注意していたと見られる。成人の息子を床屋に向かわせるというちょっとした行動からも、カーテンの隙間を覗《のぞ》くように熊澤家の実情を想像することができる。

熊澤英昭は昭和18年、岐阜県可児《かに》市で生まれている（＊3）。家族で上京したのは彼が10歳の頃のこと。歯学博士だった父は台東区で歯科医院を開設し、英昭は地元の都立上野高校を卒業後、東京大学法学部に進学。ケンブリッジ大学への留学を経て、昭和42年、農林省（現・農林水産省）へ入省した。

ちなみに弟は東京大学医学部附属病院に勤め、3人の妹はみな医療関係者と結婚している。また英昭が30歳の頃に入籍した妻の実家は埼玉県秩父市の資産家。やはり熊澤家は文句なしのエリート一家だ。昭和50年、そんな家の長男として英一郎は生まれた。英昭は英一郎が3歳になった頃に在米日本大使館1等書記官の役職に就き、家族でアメリカに移住する。3年後に帰国、農林水産省に戻ると英語の堪能《たんのう》さを生かして国際交渉の分野で実力を発揮。昭和62年には英一郎も父の血を受け継ぐように都内有数の進学校＝駒場東邦《こまばとうほう》中学校に進学するが、その頃から家族は軋《きし》み始めていった。

英昭は取調べに対して英一郎が中学2年生頃から家庭内暴力が始まったと話した。その後、平成10年に早宮の新居に家族で移り住み、英昭は平成13年1月に中央省庁再編のタイミングで農林水産省の事務方のトップ＝事務次官に就任。しかし同年9月、イギリスで大きな問題となったBSEに感染した牛が日本国内でも発見される。それに対して、当時の小泉純一郎内閣の農林水産大臣だった武部勤《たけべつとむ》が「大した問題ではない」という趣旨の発言をし、野党やメディアから激しい批判を受ける。英昭も対応に追われた末、翌年事実上の更迭《こうてつ》。以降はチェコ大使を務め、妻と3年間をチェコで過ごすなどして再度順調にキャリアを積んだものの、その裏で英一郎はエリート街道からドロップアウトし、問題を拗《こじ》らせていたのだ。

　令和元年5月25日、英一郎から熊澤邸に電話があり、彼は両親に「帰りたい」と告げた。英一郎は大学進学を機に実家を出て、晩年の3年間ほどは母が所有する東京都豊島区目白の住宅で暮らしていた。5月25日のうちに英一郎は帰宅するが、翌日から暴力の日々が再開した。「オレの人生は何なんだ！」と叫び殴りかかってくる英一郎に怯《おび》え、英昭と妻は2階で息を潜めるように暮らしたという。

　一方、英一郎は1階の和室に布団を敷いて、一日中、オンラインゲーム『ドラゴンクエストX《テン》』に耽《ふけ》り、その合間に、両親に対して暴言や暴行を繰り返した。並行してテレビや新聞では5月28日に起こった川崎殺傷事件の報道が続いていた。そして英一郎の帰宅から1週間後の6月1日。この日は土曜日で、前述した通り熊澤邸に隣接した早宮小学校では朝から運動会が行われていた。その喧騒《けんそう》に対して英一郎は「うるせえな、ぶっ殺すぞ」などと文句をつける。それは普段通りの口調ではあったが、英昭の脳裏には小学校の児童の列に包丁を持って突っ込んだ岩崎隆一の姿がよぎった。

　家宅捜索によって熊澤邸では、英昭が書いた「殺すしかない」というメモが発見される。また彼は妻に「次に暴力をふるわれたら英一郎に危害を加える」と宣言していたように、肉体的にも精神的にも追い詰められており、運動会に対する文句が引き金となる。英昭は台所で刃渡り約20センチの洋包丁を取り出すと、和室の布団でオンラインゲームに没頭していた英一郎の背中に向かっていった。

「これはジャーナリスティックに書き立てる事件ではないと思います。哲学的な問題として向き合って欲しい」。政治家の福島伸享《のぶゆき》はこちらを戒めるように語る。彼はここ数年、熊澤英昭とたびたび酒席を共にする仲だったという。「この間、拘置所にいる熊澤さんに手紙を送ったんです。そこにも書いたのですが、熊澤さんが道義を守ったという誇りはみなが認めていることですから、どうかご自身を大切になさって下さいと」。

福島は通商産業省（現・経済産業省）の官僚を経て、平成21年の衆議院議員総選挙に民主党から立候補して初当選。民進党時代の平成29年には学校法人・森友学園を巡る質疑において、総理大臣・安倍晋三から「私や妻がこの国有地払い下げに関係していたということになれば、総理大臣も国会議員も辞める」という発言を引き出したことでも知られる。現在は無所属。拠点としている地元の茨城県から上京した際に、赤坂のホテルのラウンジで会うことが出来た。

「私は熊澤さんのことを、川崎の（岩崎隆一が起こした）事件とは同じにされたくないという思いもあって、こうしてお話ししているんです。事件を知った時は『あの熊澤さんが⁈』と驚きました。確かに熊澤さんがやられたことは法律に触れます。ただし、法律的な正しさと道義的な正しさは一致しない。——これはあくまでも私の考えですよ。熊澤さんは息子さんを憎くて殺したわけではなく、やはりこれ以上ひと様に迷惑をかけてはいけないという思いがあって、愛しながらも殺した。当然罪のつらさを最も感じていらっしゃるのは熊澤さんです。今後、罪を償われるわけですが、私は法律に反したとしても、倫理上、もっと高い位置にあるものが存在すると思っているんです。だから今回の事件が、熊澤さんの人間性ややられてきたお仕事に傷を付けたようなことは一切ない」

福島は険しい表情で続ける。「人間ってもともと不条理なものなんですから。その不条理さが殺人という事象として現われただけであって。自分は何者かだなんて、私だって分からない。あなただって分からないでしょう？　それなのにメディアは『面会はいつ行くんですか？』『裁判はいつ始まるんですか？』みたいな質問ばかり。そういう世俗じみた観点から熊澤さんのことを論じて欲しくない。哲学や文学のテーマとして捉《とら》えて欲しいですし、社会問題に収まる話ではないと私は思います」。

福島は所属する組織は別だったが、官僚時代から英昭の名前をよく知っていたという。「霞《かすみ》が関《せき》の世界では、熊澤さんは有名でした。農林水産省のエースだということ。農業関係の国際交渉のエースだということ。その点で決まって名前が挙がるのが熊澤さんでしたので」。直接接するようになったのは3、4年前。英昭が〈農林水産省退職者の会〉の会長に就任したことをきっかけに、政治家として農林水産省の労働組合にバックアップされていた福島と関わりが深くなった。「〈退職者の会〉はいわゆる〝キャリア〟ではなくて〝ノンキャリア〟の会です。農林水産省のキャリアのトップでありながら、その会長への就任を依頼された事実からも広く尊敬されていたことが分かります。熊澤さんの凄さはいろいろな面があると思いますけど、とかく近年の官僚は時の政権に媚《こび》を売って出世をするようなひとが多くなった。熊澤さんはそういったことがいっさいないひとでした。だから、私は官僚の鑑《かがみ》のようなひとだと言うんです」。

英昭と福島が酒席を共にする際も、話題は決まって近年の省庁、官僚の在り方に及んだ。「やはり特に安倍政権になって以降、官邸からのトップダウンで農政がおかしくなっているし、それに伴って政権もおかしくなっていますよねと憂《うれ》えていたわけです。その視点は共有できていたと思います」。

英昭はプライベートについてほとんど口にしないタイプで、福島も彼が抱えていただろう家族についての悩みなど知る由《よし》もなかった。それが事件の前年、平成30年の忘年会で心情をわずかに口にしたことがあった。「立派な方ですから立派なご家庭があるんだろうと思っていただけです。ただ私が『子供がゲームばっかりやって、勉強をしなくて大変なんですよ』という話をしたら、『子供って思いどおりに育たないものですよね』とぼそっと言われた。もちろんその時は熊澤さんでもそう感じるのだなと思っただけですが、いま振り返ってみると、もしかしたらいろいろと悩んでいらっしゃったのではないかと」。

もう一点、いまとなっては意味深く感じられるのが、英昭が〝老い〟について口にしていたことだという。「『自分もだいぶ歳《とし》を取った』と何度もおっしゃっていました。僕らは『まだまだ熊澤さんのお力が必要です』と守り立てていましたけど、〝人生の総仕上げ〟というか、年齢的に当然残りの人生について考えられていたはずで、〈退職者の会〉の会長を引き受けられたのもご自身が人生をかけてきた農水省を立て直したいお気持ちがあったからでしょう。ご家庭にしても、いずれ自分がいなくなった時に息子さんがどうなるか悩まれていたんじゃないでしょうか」。福島が最後に英昭に会ったのは平成31年2月のことだった。その数ヶ月後、英昭は自ら家族の歴史に終止符を打った。

岩崎邸の近隣住民に隆一が起こした事件について聞くと、ほとんどのひとが「何も知らない」「関係ない」と突き放した。一方、熊澤邸の近隣住民に英昭が起こした事件について聞くと、みな半ば嬉々《なかきき》として語った。そこには無差別殺人か家庭内殺人かという性格の違いが、深刻さの違いとして表れているのだろう。また、後者の事件に関する口振り書き振りからは、「仕方がないことだった」という同情や共感、更には尊敬のニュアンスすら感じられることがある。例えば福島伸享は英昭を「官僚の鑑」と、実妹は「兄は武士ですよ」（＊4）と言った。

近しい人間だけではない。弁護士で政治評論家の橋下徹《はしもととおる》は、川崎殺傷事件について「自殺しようと悩んでいる人をしっかり社会が支えていくのは当然のこと」とした上で、第1章で引用した通り「他人を犠牲にするなんて絶対あってはならない。死ぬなら自分一人で死ねってことはしっかり教育すべきだと思います」と語った（＊5）が、熊澤英昭による家庭内殺人については Twitter で以下のように評している。「他人様の子供を犠牲にすることは絶対にあってはならない。何の支援体制もないまま、僕が熊沢氏と同じ立場だったら、同じ選択をしたかもしれない。本当に熊沢氏の息子に他人様の子供を殺《あや》める危険性があったのであれば、刑に服するのは当然としても、

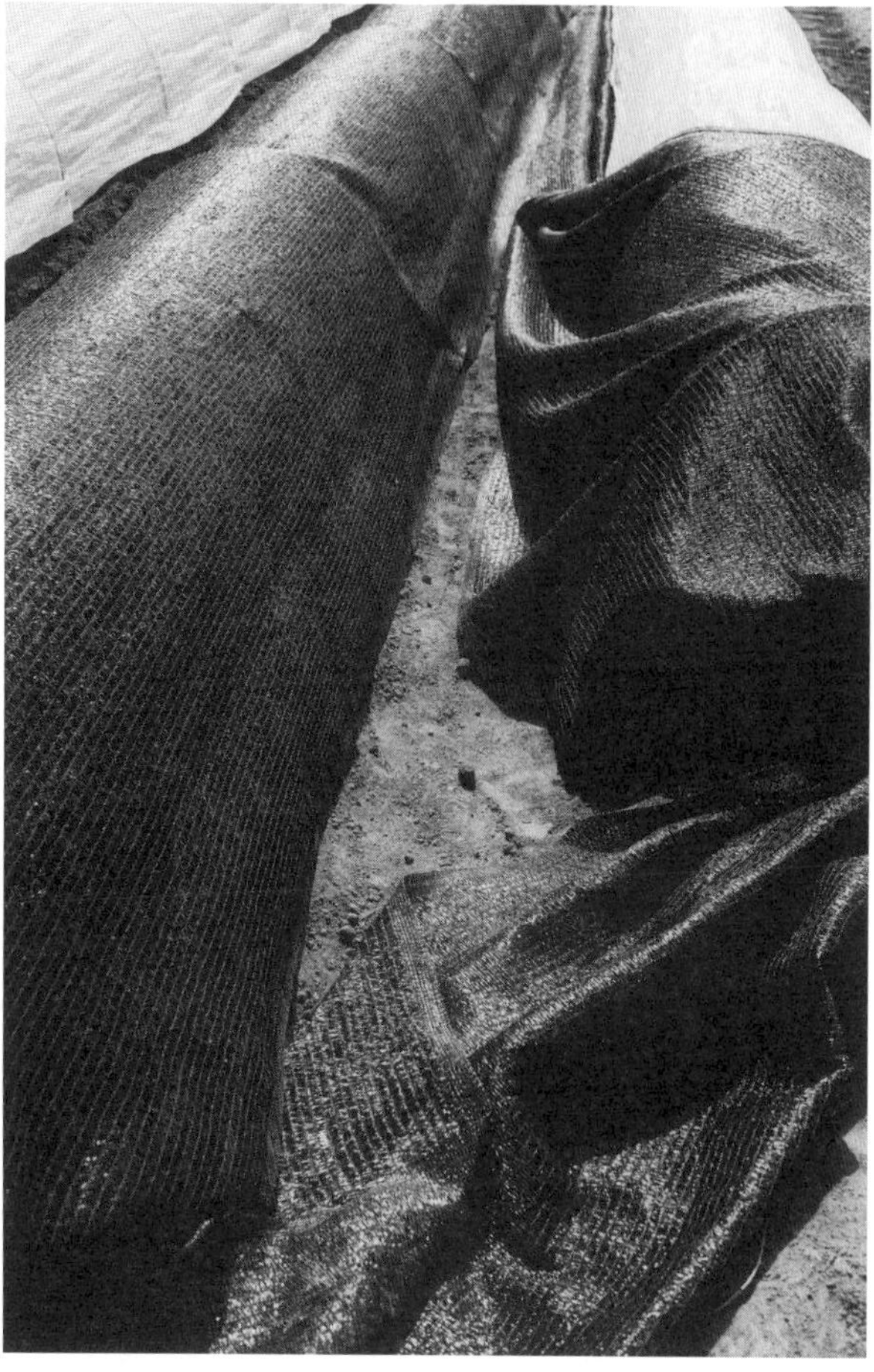

僕は熊沢氏を責められない」（＊6）。英昭はまさに「死ぬのなら自分一人で死ねってことはしっかり教育すべき」親の立場から、それを実行に移したということなのか。

穏当に考えれば彼がやるべきだったのは、橋下も補足しているように外部へ助けを求めることだ。もちろん、暴力を振るわれる中で冷静な判断ができなくなっていたのかもしれない。しかし、それを第三者が「仕方がないことだった」と納得してしまってもいいのだろうか。あるいはそこでも被害者＝熊澤英一郎と、川崎殺傷事件の容疑者＝岩崎隆一とが重ねられてはいないだろうか。つまり、犯人が意図を説明することも罪を裁かれることもなく死んだ、川崎殺傷事件に対する世間の行き場のない感情が、熊澤英昭の殺人によって発散されたのだ。

英昭に同情や共感、尊敬の声が寄せられるのに対して、英一郎は被害者であるにも拘《かかわ》らず批判や揶揄《やゆ》の対象となっている。マスメディアでは直接的な言い回しは避けられるものの、両親の資産に頼りながら彼らに暴力を振るっていたことが繰り返し報道され、それが「熊澤（英昭）氏を責められない」という印象を強化する。

英一郎はTwitterに〝ドラクエ10ステラ神ＤＱＸ（熊澤英一郎）〟という、実父に殺害されるその瞬間まで没頭していたと見られるゲーム『ドラゴンクエストX』について主に書くアカウントを持ち、日々膨大な量の投稿を行っていた。令和元年6月1

日午後０時20分――つまり事件の約３時間前に投稿された人生最後のツイートは、「そうそう、マニアに人気のゲーム、ゼノサーガの主題歌にいい事が言われています。誰も一人では生きられない」（＊７）。

その下には令和元年10月末時点で９４６個のリプライ（他のユーザーからの返信）がぶら下がり、同情する意見もあるが、目立つのは「親の脛《すね》かじってたやつが言うと説得力あるなー」だとか「ご冥福《めいふく》お祈りしません。殺されて当然だよ。親父《おやじ》さんに執行猶予《ゆうよ》つくこと希望します」だとか、英一郎を蔑《さげす》む言葉である。しかし彼は本当に「殺されて当然」の人間だったのだろうか。いや、そもそも「殺されて当然」の人間などいるのだろうか。

＊

熊澤英一郎と岩崎隆一の姿を最初に重ね合わせたのは他でもない、英一郎の父＝英昭である。そしてふたりが共に〝引きこもり〟だったと報道されたのも、隆一の伯父夫婦が行政に対して「家に〝引きこもり傾向〟……の親族がおり」と相談したように、英昭もまた警察に対して「長男は引きこもりがちで」と供述したことが根拠になっている。しかし英一郎と隆一の生活は定職に就かず親族の資産に頼っていたという点では共通していたが、それぞれの振る舞いに着目するとかなり異なっていたようにも思える。

厚生労働省が平成22年に発表した「ひきこもりの評価・支援に関するガイドライン」では、〝引きこもり〟を「様々な要因の結果として社会的参加（義務教育を含む就学、非常勤職を含む就労、家庭外での交遊など）を回避し、原則的には6ヵ月以上にわたって概《おおむ》ね家庭にとどまり続けている状態（他者と交わらない形での外出をしていてもよい）を指す現象概念」と定義している。これに照らし合わせてみると、20年近く伯父夫婦宅の自室にこもり、近所のコンビニエンス・ストアなどに出掛ける以外は外出も他人との接触もほとんどなかった隆一はまさに〝引きこもり〟だったと言えるが、皮肉なことに犯行直前は凶器を購入したり現場を下見したりと準備を進める中で行動的になりつつあった。一方、殺害される1週間前まで、母親が所有する住宅とは言えそこでひとり暮らしをしていた英一郎は前述の定義から外れている。

更に英一郎はどちらかというと〝交遊〟が多いタイプであった。ただしインターネット上において。そしてそれはちょくちょくトラブルへと発展していった。彼が晩年を費やした『ドラゴンクエストX』もインターネットを介したコミュニケーションを重要な要素とするいわゆるオンラインゲームで、詳細は後述するが英一郎は同作品を巡ってネット上で炎上――とまではいかないが多くの小火騒《ぼや》ぎを起こしており、その燃殻は今でも様々なところで確認することが出来る。隆一がパソコンも携帯電話も持たず、ネット上で存在の痕跡《こんせき》を全く見つけられないのに対して、英一郎の場合は全てを把握することが困難であるほど大量の情報を残したのだ。

例えば英一郎が平成23年7月に登録したTwitterのアカウントはその宝庫だ。彼の投稿の総数は約3万7000（＊8）。死後、その量がさも異常かのような報道があり、同サービスのヘヴィ・ユーザーらが「8年間で3万7000＝1日に10ツイートほどでは〝ツイ廃〟（ツイッター廃人＝Twitterに依存したひとのこと）とは言えない」と自嘲《じちょう》混じりに反論した。ただし今回、彼のTwitterアカウントのログ全てに目を通したところ、平成30年以降に投稿の数が急増しており、1年半という期間における量としては、それはやはりなかなかの〝ツイ廃〟振りだったと言えるだろう。また、その内容にも彼が抱えていた問題が様々な形で表れていた。

英一郎のアカウント名＝〝ドラクエ10ステラ神DQX（熊澤英一郎）〟は、『ドラゴンクエストX』の略称（ドラクエ10／DQX）、彼がゲーム内で使っていた名前（ステラ）、本名（熊澤英一郎）などを組み合わせたもので、プロフィール欄にも「ステラ　レアル　シュン　アメリア　アリシア　PS4　パソコン　ドラクエ10はサービス開始初日から毎日ログインしています。マイタウンを買います。私はドラクエ10では罪人だそうです。相方、魚子のお嬢さん。個人的な連絡はDMで」と、やはり『ドラクエX』に関連した、門外漢には意味不明に感じるだろう文字が並んでいる。文末には〈pixiv〉という Twitter とはまた別の、自作のイラストやマンガ、小説などを掲載することが出来るソーシャル・ネットワーキング・サービス（SNS）のアカウントへのリンクが貼《は》られているが、現在無効だ。

ただし、英一郎の Twitter アカウントの〝ユーザー名〟――Twitter では〝アカウント名〟がいわゆるあだ名、〝ユーザー名〟が本名にあたる――〝@hiromi_kanzaki〟を検索エンジンで調べると、彼の pixiv アカウント＝〝神崎ひろみ〟に辿《たど》り着く。そちらのプロフィール欄には「とりあえずメカ描くのが好きな人間です」と書かれており、その言葉通り同アカウントのページには自作の人間型ロボット＝〝聖殻〟を中心に数多くのイラストが投稿されている。要するに神崎ひろみは英一郎の〝絵師〟（オタク文化におけるスラングでイラストレーターのこと）としての名義なのだが、画力はおせじにも高いとは言い難く、特に女性キャラクターのタッチにはついアウトサイダーアートという言葉を使いたくなってしまうような独特の雰囲気がある。

更に pixiv のプロフィール欄に掲載されたメール・アドレスを検索すれば、神崎ひろみのホームページ〈聖殻の神殿〉が見つかるだろう（現在は閉鎖）。クレジットによると同ページが制作されたのは平成17年、英一郎が30歳を迎えた年。いま見るとデザインが古めかしく感じるし、作者が死んだ後に閲覧しているとまさに遺跡を訪ねているような気分にさえなってくる。当初はpixivにもイラストを掲載していた〝聖殻〟を巡る自作の物語『Sacred Shell Justice』を紹介する場所だったようで、「このサイトのメインコンテンツです」と書かれた〈Sanctuary〉（聖域）というコーナーにはロボットや武器の設定画が掲載されている。

一方、神崎ひろみ＝熊澤英一郎のプライベートが垣間見《かいまみ》えるコーナーもあって、〈DIARY〉は既に削除されているが〈PROFILE〉は健在だ。それによると〝神崎弘海（かんざき　ひろみ）〟の性別は「男性」、血液型は「O型　RH＋」、誕生日は「3月20日（魚座）」。続く〝最終学歴〟の欄には「大学院修士課程卒業」とある。また、その下の〝変わった経歴〟という欄には「代々木アニメーション学院アニメーター科卒業／HAL東京中退／代々木アニメーション学院キャラクターデザイナー科卒業／元社会復帰指導員　兼　パン職人（パン製造技能士二級取得済み）／元ビジネスコンサルタント事務所職員」と、様々な職業が並んでいる。英一郎は前述した中高一貫の駒場東邦を卒業後、進学校として知られる同校からアニメ関連の専門学校である

〈代々木アニメーション学院〉へと進んだ。もちろんそれはそれで構わないものの、以上の経歴からはその後、アニメの仕事に就くことはなく様々な学校や職業を渡り歩いたことが分かる。ちなみに〝現在の職業〟の欄には〝不動産の管理人〟とあるが、やはり前述したように母所有の住宅に住んでいただけ——要するに無職だったと思われる。

〈BBS〉の記録も残っている。最早《もはや》廃《すた》れてしまったシステムなので説明が必要かもしれないが、〝BBS〟とは〝掲示板〟とも呼ばれていた、様々なユーザーがコメントを書き込むことで交流が生まれるTwitterの前身のようなものだ。英一郎もホームページ開設からしばらくは、自身が管理するBBSで来訪者と普通にやり取りをしている。例えば平成22年3月20日、彼の35歳の誕生日には〝奇太郎（もといたれまる）〟というユーザーが、「もうこの年になるとめでたくなくなっちゃうかもしれないけど。取り敢《あ》えずはおめでとうございます。誕生日が2日違いで自分も38歳です。しかもリストラ喰《く》らって無職……。いやーお互い、この閉塞《へいそく》した状況をどうにかしたいもんですなー……。それじゃあ！」と祝いのコメントを投稿。それに対して〝ひろみ@管理人〟こと英一郎は「私も誕生日が来る度に憂鬱《ゆううつ》ですよ。もう若くないですからね。状況が良くなる兆《きざ》しも全く無いですよ……」と返信している。何とも言えない哀愁があ

るやり取りだが、そこには暖かみも感じられる。その後、英一郎の投稿は徐々に減っていくものの、平成31年3月——つまり殺害される3ヶ月程前——になると突然〝ステラ〟という、Twitterのアカウント名にも含まれる『ドラクエX』で使っていた名前で、立て続けに同ゲームを巡るトラブルについて投稿を始め、しかもその内容は別人のように攻撃的になっていた。

晩年はTwitterアカウントでもほとんど『ドラクエX』に関する投稿しかしていなかった英一郎だが、同ゲームのサービスが開始されたのは平成24年8月。彼がTwitterに登録したのは平成23年7月。本人が「いつからドラクエ垢《あか》（引用者注：〝垢〟はネット・スラングでアカウントのこと）になったんだろう？　元々、コミケ情報交換用に始めたんだがなぁ……」（平成30年2月9日）というようなことを繰り返しツイートしている通り、当初は同人誌販売会〈コミックマーケット〉での交流が目的だったようだ。

登録から数年はその使い方に変わったところがあったわけではない。平成23年7月12日午後4時に投稿された初めてのツイートは「疲れた」。同年はそれだけで、翌年＝平成24年も4ツイート、翌々年＝平成25年も8ツイートのみ。内容も、映画『天空の城ラピュタ』がテレビ放送される際、クライマックスのセリフに合わせて「バルス」とツイートする、当時盛り上がっていた遊びに参加したり、『ガンダムビルドファイターズ』『仮面ライダー鎧武／ガイム』『ドキドキ！プリキュア』（いずれも平成25年放送開始の作品）といったアニメや特撮について簡単な感想を記す程度だ。

平成26年になると投稿が若干増えるが、ほとんどのツイートには〝いいね〟（他のユーザーへ好意を伝えるためにも使われる機能）が付かず、本来の意味である〝Tweet（さえずり＝コミュニケーション）〟というよりはその日本語訳として採用された〝つぶやき〟――つまり独り言の様相を呈している。やがて「最近ドラクエXとNewラブプラス＋（引用者注：恋愛シミュレーション・ゲーム）ばっかりプレイしてるなぁ」（5月12日）、「さて、今日は土曜日。ドラクエXの世界に入り浸っていよう」（5月17日）などと『ドラクエX』の名前も登場。しかしそんなある種の穏やかな雰囲気の中で堰《せき》を切ったように、英一郎は自身のバックグラウンドについて怒りに満ちた文体で書き始める。

「快感が欲しいだけなら避妊の方法はいくらでもあるから勢いで子供なんか作るんじゃねーよ。それで産んでくれた事に感謝しろ？　寝言は寝てから言えヴォケが！」

「私は肉体は健康だが脳は生まれつきアスペルガー症候群だし、18歳で統合失調症という呪《のろ》われて産まれた身体。私が1度でも産んでくれと親に頼んだか？」「何が産んでくれた？　勝手に親の都合で産んだんだから死ぬ最期《さいご》の1秒まで子供に責任を持てと言いたいんだ私は」「産んでくれた親に感謝しなさいって言う奴《やつ》には私の軍隊式暗殺八極拳《はっきょくけん》喰らわせてやりたくなる。馬鹿《ばか》言ってんじゃねぇ。親が親の都合で勝手にセックスして産んだんだろうが」（平成26年5月19日）。

繰り返し書いてきたように、英一郎は中学2年生の頃から家庭内暴力を振るい始め、晩年は親の脛を齧《かじ》るような生活をしていたわけだが、彼に言わせればそうなってしまったことはこの世に勝手に産み落とした、そして教育に失敗した親の自己責任だというのだ。その主張だけだと俗に言う逆切れの印象を受けるし、あるいは英昭がまさに責任を果たそうと息子を殺害したことに正当性を与えるだろう。ただし、英一郎がアスペルガー症候群及び統合失調症を患《わずら》っていることを自称し、それをたとえ誤った認識だとしても「呪われて産まれた身体」とまで評すると、復讐《ふくしゅう》めいた怠惰な生き方にちょっとした凄みを感じてしまう。

以降、英一郎は「Twitter で人生について述懐するようになる。平成29年2月2日には「私の両親は私の教育を間違えてたな。テストで悪い点取ると玩具やプラモを壊す。これが間違い。私は玩具を壊されない為《ため》だけに勉強した。喧嘩《けんか》で両親に勝てる高

1までこの恐怖は続いた。そして性格が螺旋《らせん》階段のようにねじくれ曲がった私が完成した」と親から受けた虐待《ぎゃくたい》行為について告発。続くツイートでその加害者は母であり、自身の家庭内暴力は言わば反撃だったと述べる。「私が勉強を頑張ったのは愚母に玩具を壊されたくなかったからだ」「だから中2の時、初めて愚母を殴り倒した時の快感は今でも覚えている」（平成29年3月29日）、「今日は大安。愚母の呪いで最低な日だった。さっさと死ねよ愚母」「愚母はエルガイムMK－Ⅱ（引用者注：アニメ『重戦機エルガイム』に登場するロボットのプラモデル）を壊した大罪人だ。万死に値する。いいか？　1万回死んでようやく貴様の罪は償われるのだ。自分の犯した罪の大きさを思い知れ。貴様の葬式では遺影に灰を投げつけてやる」（平成29年6月1日）。

また、彼はこれまで見てきた通りゲームやアニメを好むいわゆるオタクの気質を持っており、それによって高校時代にはいじめを受けた。更にその苦しみから統合失調症を発症したと考えていた。「高校時代ヲタってだけでイジメられたからなぁ……」（平成26年7月10日）、「メカ描いてるだけでオタクって言われたたな。今だったら大学で修行した軍隊式暗殺八極拳で叩《たた》きのめしてやれるのにw」（平成28年2月15日）、「私はイジメられ続けた所為《せい》で統合失調症になったからなぁ。イジメた奴らは当時、未成年だから牢屋《ろうや》に行かないんだよなぁ……。何とか復讐したい」（平成28年12月1

日)。病気と共に生きながら自死が脳裏をよぎったこともあるし、現在は「終わったはずの人生のオマケ」とすら言う。「SNSで死にたいって書き込む人はまだ大丈夫、自分を心配して欲しいだけで生きるつもり十分だから、本当に絶望すると何も喋《しゃべ》れないし言葉を出したくても出せなくなるし、絶望した！　なんて言える内は精神余裕たっぷりです」「なんで言えるかって？　本気で消えようとした経験があるからさ。死ぬとか甘い言葉じゃなくて消滅したいって思うんだよ。逆にあの経験以降、怖いものが無くなったね。一度、終わったはずの人生のオマケを生きてると考えてるから」(平成29年12月4日)。

「不動産の管理人」――あるいは「地主」は、憎き母がそんな彼を生かすために自身所有の土地を使って与えた立場だったのだ。「あ~今の不動産の管理人という仕事に落ち着いて本当に良かった。やっとストレスの無い仕事に落ち着いたんだね私……」(平成26年5月12日)、「私は38年間苦しんで生きてきた……。もう残りの人生は穏やかに生きても良いだろう……」(平成26年6月9日)、「地主で1日中暇だもんw」(平成30年7月7日)、「毎日が日曜日だぜ？w」(平成30年11月27日)。しかし有り余った時間は英一郎を『ドラクエX』に没頭させただけで、そこでのトラブルは彼に少年時代の忌《い》まわしい記憶を蘇《よみがえ》らせた。そして彼は「復讐」するかのように「敵」に立ち向

かい、疲弊していった。「ネットの言葉の暴力がなんだと言うんだw 小学校から高校までの挨拶が殴る蹴《け》るのイジメ生活に比べれば生温《なまぬる》いわw」（平成30年6月7日）、「私はな小学生から高校生までイジメられて育った壮絶人生だから味方には優しいが敵には徹底的に痛めつけるんだ！　それも暴力ではなくモンテ・クリスト伯のような金と権力でダングラールを廃人にしたように追い詰めるんだ！」（平成30年6月12日）、「私はドラクエ10を始める前、重労働でダウンして、もう良い、ゆっくり余生を過ごせ、と地主の地位を与えられ、アストルティア（引用者注：『ドラクエX』の舞台となる架空の世界）ライフを満喫していただけなのに……」（平成30年12月9日）、「いじめ。簡単に言わないで下さい。今回の事件も、ある意味、ドラクエ10を悪用した、いじめ。でしょう?」（平成31年1月30日）。

英一郎の「Twitter アカウントは平成29年の後半辺りから『ドラクエX』の運営チームやまとめサイト（ゲーム周辺の情報を編集して記事にするサイト）、他のユーザーに対する批判が増えるが、翌年には自身がネット・スラングで言うところの〝ヲチ〟（=ウォッチ。揶揄を目的とした観察）の対象になっているという考えに囚《とら》われていったように見える。やがて、「おやおや、○○さん、引退したリアフレ（引用者注：リアル・フレンドの略）の××さんに頼んで私の正体教えたらビビっちゃったかな？ｗ」（平成30年4月19日）、「@△△さん一時的にＤＭ（引用者注：ダイレクト・メッセージ機能）使えるように出来ませんか？　フレには正体明かしましたし、△△さんにも知って頂きたいです」（平成30年4月22日）、「つーか、私のツイート監視してる垢の方へ。怒らないからＤＭで正体教えてあげるから、いつでも連絡どうぞ」（平成30年4月24日）などと、誰かれ構わず自身の「正体」を伝え始める。「正体」とは元農林水産省事務次官の息子であり、エリート家系の血を引くということだ。そしてその結果、以下のようなメッセージが送られてきたと英一郎は主張する。「『調べたら色々と文献が出てきました。素晴らしい職業されていた方なのですね。政治家関係者は一番敵に回してはいけない……。何も知らずに下手なこと発言するってのはやはり怖いですね……』。リークメールよりｗ　笑いが止まらんｗ」（平成30年5月18日）、『ＤＭの内容は一生忘れます。レアル（引用者注：英一郎が『ドラクエＸ』で〝ステラ〟以前に使っていた名前）さんを監視して申し訳ありませんでした。ドラクエ10世界の片隅でひっそり生活します』。ドラクエ10どころか、リアル世界でも一生、私の本名に怯えて暮らせｗｗ」（平成30年5月24日）。

　学歴（「所詮《しょせん》は高卒の脳味噌《のうみそ》、大学院卒の秀才の私と裁判で勝てる自信でもあるのかね？」〈平成26年10月23日〉）、語学力（「大体、おじさんはね、父親の転勤でＵＳＡ

で3年暮らしてましたから英語ペラペラです」〈平成30年4月22日〉)、喧嘩の強さ(「私、頭脳だけじゃなくて、若い頃、武術を護身術で、身に着けていて、秋葉原でオタクだ、弱いだろうから、カツアゲしてやろうと、からんできた阿呆を過剰防衛で、叩きのめして、警官にやり過ぎです、と怒られた、という」〈平成31年4月7日〉)、容姿(「リアル身長178。元リアルイケメン。うっかり写真公開したら、普通叩くだけの5ちゃんねるの住人ですら、『レアルさんのご尊顔』、と言いましたから」〈平成31年3月16日〉)など、英一郎のツイートには自画自賛をしてひとを見下すものが多い。しかしどれもすぐに底が割れてしまうような自慢だ。絵師としての実績についても、揶揄《からか》ってきた相手に対して「私は××ってゲーム会社からデザイン依頼を受けてるセミプロだよ。プロの会社が商業で使えると私の絵を見てスカウトしたのにそれを落書きとは……。○○君には価値が解《わか》らないんだね。猫に小判、豚に真珠っていうやつだね。哀れに思うよ」(平成28年12月22日)、「自称絵師？ ふざけるな！！！ちゃんとソシャゲ(引用者注：ソーシャルゲームの略)のデザインで小銭稼いでいるわw」(平成30年12月13日)と反論するが、しかし「あのアンルシア(引用者注：『ドラクエX』の女性キャラクター)のイラストは自分でもなんで疲れている時に無理に苦手なキャラ描いたと後悔してる失敗作ですよ。普通なら、さらっと、これ位は、基本メカメインですが描けますから」(平成31年4月3日)というツイートに添えるのが前述した独特のタッチのイラストだと、尚更揶揄われることになってしまう。結局、英一郎の自慢で圧倒的に多いのが家系についてなのも、それだけは——つまり自分以外の実績は、確固たるものだったからだろう。

英昭や熊澤一族の名声を笠《かさ》に着るような態度はあからさまになっていく。「もし、私が死んだら、熊澤家一族が総攻撃するからな！！！」(平成30年4月27日)、「俺《おれ》の名前を言ってみろ！！！　この世界で最高のリアルマネーの持ち主、○○様だ！！！ひれ伏せ！！！　庶民プレイヤー共！！！」(平成30年12月11日)、「昨日、リアフレと話したのですが、庶民が、私の父と直接会話なんて、1億年早いわヴォケ！！！w立場を弁《わきま》えろ！！！　私は、お前ら庶民とは、生まれた時から人生が違うのさw」(平成31年4月2日)。それにしても英昭についての英一郎の書き振りは、「私も父から、悪に勝つ方法がある、と聞いた時、流石《さすが》と思った。かつて、現実世界の炎上を静かにした経験あるからな。それに比べれば、ドラクエ10の炎上を静かにするくらい簡単ですよ」(平成31年4月27日)というように何処か畏敬《いけい》の念が感じられ、〝愚母〟と罵倒《ばとう》する母についてのツイートとは対照的だ。

ちなみに妹についてのツイートは悪態の中にも些《いささ》か反省の色が見えると共に、そこから彼の家庭内暴力によって歪《ゆが》んでしまった熊澤家の家族関係の在り方が分かる。「死ぬまで使い切れないほどリアルマネーあるし。死んだら生意気な妹に全財産行く訳だしねw」（平成30年7月4日）、「で、ドラクエ10が全部、終わったら、老後はゆっくり老人ホームで安らかな眠りを待つと。遺産は糞生《くそ》意気な妹に行くんだろうし。良い兄貴じゃ無かったよな……。妹は私を凄く憎んでいるし……」「受験勉強のストレスを妹に八つ当たりしてたんだよな……今、思うと」（平成30年12月11日）。一方、祖父や叔父に関しては「今は亡《な》き母方の祖父の有難い教え、他人に挨拶する時『すみませんが』で話しかけてはいかん、自分が身分が低い証《あかし》に『恐れ入りますが』で話しかけるように」（平成30年11月18日）、「私はなぁ、礼儀作法に厳しい母方の祖父に、言葉遣いを厳しく（引用者注：指導）されて餓鬼ながらに、おじいちゃんて、普通、孫に優しいのでは？　と……」（平成31年1月14日）、「私の叔父が元精神科医なのだが、闇《やみ》の時代を乗り切る為の言葉を教えてくれました。『長くて暗くても、朝の来ない夜は無い』。諦《あきら》めなかったから、やっと、ドラクエ10も平和になりました。悪人が、こんな事言うかね？　これは、フレも、名言と言ってました」（平成31年4月23日）などと、英昭と同様に一目置いているというか、とにかく彼らを通して血筋の良さを強調したいことが伝わってくる。

英一郎ほどではないが、取材中、彼の母を暗に悪く言うひとは何人もいた。前述した通り、熊澤家の近隣住民のひとりは英昭を「ご主人は腰の低い方で、会うと挨拶してくれますし、いつもゴミ出しをしていた」と褒めながら、妻は「〝うつ〟っぽい感じがあったけど」と言葉を濁した。「私、あのひとは嫌いだから！」とはっきり言う住民もいた。とある元官僚によると「奥さんはあまり評判が良くなかった」という。曰《いわ》く「やっぱり旦那《だんな》が立派なだけに肩肘《かたひじ》が張っているというか、かなり体面を気にするようなところもあって、息子にものすごく熱心に受験勉強に取り組ませた。それで駒場東邦に入れたんだけども、息子は反発が始まってだんだん引きこもっていったようです」。英一郎はエリート街道から外れてしまった自身の男性性の欠如を埋めるものとして、英昭に〝強い父性〟というイメージを求めたのではないか。もしくは周囲も英昭をそう見る中で、相互補完的に妻には〝悪い母性〟というイメージが着せられてしまったようなところがあったのではないか。そして英昭自身も〝強い父性〟というイメージに押し潰《つぶ》されるように最終手段として子殺しを選び取ってしまう。

英昭の試行錯誤の痕跡もネット上に残っている。先に引用した英一郎の「庶民が、私の父と直接会話なんて、１億年早いわヴォケ！！！w」というツイートは、英昭もSNSのアカウントを持っており、英一郎とトラブルになった者がそこに忠告したことを意味するだろう。あるいは忠告は英一郎の捏造《ねつぞう》かもしれないが、英昭が平成29年11月に〝江戸京介《きょうすけ》〟なるTwitterアカウントをつくったことは事実だ。ロックがかけられ本人の投稿などは見られないものの、〝ドラクエ10ステラ神DQX（熊澤英一郎）〟から〝江戸京介〟へのリプライは確認できる。まずは「はい、フォローしましたよ」（平成29年11月11日）、「大体ね、お父さんのアカ名で本名がばれる心配はないです。後は、伝えたい事と親子である事が分からないようにツイートすれば良いんです」（平成29年12月10日）と、英昭が恐る恐るTwitterの世界に入ってきたことが窺《うかが》える。続く「寝てて、出す時間逃しました」（平成29年12月13日）、「明日はペットボトルです」（平成29年12月17日）、「出しました」（平成29年12月18日）と繰り返されるやり取りは、英昭がひとり暮らしをしていた英一郎にゴミを収集場所に持って行くよう注意していたと推測される。また、「そこまでしつこくbot（引用者注：ロボット。SNSだと投稿を自動的に行うアカウントのこと）みたいに言うなら、こっちも最終手段スキンヘッドにしますよ。半年は理髪店って言わなくなりますよね」（平成29年12月19日）とあり、伸びた髪を切るよう促していたことも分かる。約20年前、早宮で英一郎を理髪店へ向かわせたのと同じように。70過ぎの父親が慣れないインターネットを通して、40過ぎの息子にゴミ出しや散髪について注意する。そうでもしないと連絡が取れない状態にあったのだろうが、涙ぐましい行動だ。英一郎は別のSNS＝mixiにも〝神崎弘海〟のアカウントを持っており、そのマイミク（友人関係）の中にいる〝エド京〟というアカウントも英昭のものだろう。プロフィール欄には「平凡な普通の社会人です。とりたてて特記することもありません」と書かれている。

英一郎のツイートのログを追っていくと、彼は『ドラクエX』を巡るトラブルに過剰に反応する中で体調を悪化させていったように見える。それは「睡眠障害起こす程の嫌がらせなんて始めてた。。。（引用者注：原文ママ）」（平成30年7月15日）、「食べ物を本当に吐く程のストレスでしたから」（令和元年5月12日）といった体調に関する具体的なツイートからも推測出来るが、それ以上に、前述した通り平成30年以降、彼はトラブルと並行して投稿数が急増、また同じような内容を何度も繰り返しており、文体からもある種の興奮状態にあったことが伝わってくるのだ。そしてやはり前述した通りそのトラブルとは、基本的に英一郎が自身を〝ヲチ〟の対象になっていると考えて様々なアカウントやまとめサイトを執拗《しつよう》に批判したことによるものである。

英一郎は自身のフォロワーを敵に情報を流すスパイだと、次々一方的に断罪していくが、終《しま》いには彼のような一般ユーザーを積極的にフォローしていた『ドラクエX』

のプロデューサー＝青山公士《こうじ》について「フォロワーに監視役、まぁ、青山先生までは、有り得ない。だとしたら、それ以降の誰か？　分からん……」（平成31年4月26日）と書いている。青山に「監視」されることは「有り得ない」と判断出来ても、その疑念が浮かんでしまうぐらいには思い詰めていたのだろう。殺害される約1ヶ月前の「変だな……何故《なぜ》、私のような過疎《かそ》twitter の主を攻撃したのか？　分からん……」「あり得る、今、思えば、私が何者か知っていたのか？　そう考えれば、この展開もあり得るな。コテンパンに叩き潰されるなんてねw」「怖くなった時の反応から、あり得る。そうか、そうだったんだ。だからアイツ……」（令和元年5月1日）といったツイートから窺える意識の流れも関係妄想に近いもののように感じられる。

英一郎が、彼自身が書く通り〈5ちゃんねる〉やまとめサイトで〝ヲチ〟されていたことは確かだ。ただしそれは無数にある対象《ネタ》のひとつに過ぎず、ほとんどのひとは大して気に留めていなかっただろう。英一郎に対する当時のリプライを確認すると、彼がツイートで他者を執拗に攻撃することを見兼ねて、「あのなじゃねぇんだよ！　てめぇがよ！　周りをてめぇの都合で誤解してよ。その人達の気持ちも考えずによ！　悪者扱いしてんじゃねぇかよ！　その人が何言ってるのかちゃんと考えないで会話も嚙《か》み合わないでよ」「××さん（引用者注：英一郎が攻撃していたアカウント名）っ

て方はその人の取り巻きでもなければお前のストーカーでもない、お前が女性プレイヤーと思われる人達を困らせるような事ばかり言うからそれに対してこう言う奴がいるって反応してるだけだ」と妄執を咎《とが》めるひともいれば、「ステラさん、久しぶりやな〜！　最近リプ来ないからどうしてるんだろうと思ってましたよw　ステラさん叩かれてるの?!　解決したならよかった」と事情を理解していないひともいる。また、英一郎が親しいと主張するYouTuberからは「だれきみ？・」「誤解されるから知り合いのふりやめてな！」とリプライが送られるなど、彼のツイートに虚言が含まれていることも分かる。

英一郎の激しい批判の対象となった『ドラクエX』のまとめサイトのひとつは殺害事件の後にトラブルを検証している（＊9）。それによると同サイトには平成30年6月から翌年4月までの間に彼から151件の書き込みがあったという。〝レアル〟〝ステラ〟を名乗って運営者を罵倒する他、匿名《とくめい》で「リーク情報だと、ステラ、レアルの中身は熊澤英一郎で、BSE問題で話題になった熊澤英昭元事務次官の御子息だそうだ」などとコメントしていたようだ。それに合わせて、自分のTwitterアカウントでは情報がリークされていると騒ぐ様子を見せていたのだから、このトラブル自体がほとんど自作自演だったわけだ。また、匿名で「レアル・ステラ特集やれ！！！」と自分を記事で取り上げるようリクエストしており、行動の背景には明らかに自己顕示欲があった。そして度重なる暴言への対処として運営者側が英一郎のＩＰアドレス（インターネット上における端末識別番号）をアクセス禁止にすると、彼はTwitterで運営者に対して「殺す！！！」「私刑を執行する！！！」（平成30年12月16日、後に自身で削除）とツイート。一方で別のＩＰアドレスから書き込みを再開、内容が過激さを増していった末に平成31年4月11日、2度目のアクセス禁止処分となる。

令和元年5月に入るとTwitterへの投稿の量が更に増える。そのほとんどが同じことを繰り返しているだけで、英一郎は明らかに失調していた。25日に早宮の両親に「帰りたい」と告げた時には限界だったのだろう。同日の彼のツイートは「一応、平成の内に終わった。悪は取り敢えず、滅んだ。令和のドラクエ10は平和なようです。お掃除終了」「色々言われてますが、要するに生き残った私の勝ち。勝てば官軍です。これからはステラの時代です、分かり易《やす》いでしょう？」「7年ずっと悪い夢を見ていたのでしょう……。今、目が覚めた。ですよね」と、妙に晴々としている。その後、殺害されるまでの1週間、彼は自分が如何に幸せであるかを強調する。しかし現実においては、彼は26年振りに戻った実家で両親に暴力を振るい続けていた。

英一郎本人が「私、統合失調症の妄想型なのですが、薬を飲まないと人に見られているような気がすると言う物（引用者注：原文ママ）ですが、理解してない一般人に自意識過剰なだけだろ、と言われました」（平成30年4月14日）とツイートしているように、一連のトラブルには彼が抱えていた障害が大きく関わっていると思われる。また、コミュニケーションが過剰になりやすいインターネットという環境が妄想を悪化させた側面もあるだろう。リアルタイムではそういった事情は分かりにくかったし、〝ヲチ〟していたユーザーたちの意図するところではなかったはずだが、彼らは結果的に精神障害者に対する加害行為を行ってしまったことになる。少なくとも、英一郎の障害が広く知られるようになった現在においては、彼を単純に「親の脛をかじっていた」「親の権威を笠に着ていた」と揶揄するべきではない。

一方で、「あのな初期のフォロワーは私の持病知ってますよね。統合失調症。この病気の人に気違いというのは最大の差別発言ですからね」（平成30年6月7日）、「不快なツイートを通報してもTwitter社が対応してくれない……」「明らかに差別的なツイートなのに……」（平成31年2月27日）と自身への「差別」に憤る英一郎は、インターネット上におけるハラスメントの加害者でもあった。以下、二次被害に考慮して一部を伏字にするが、例えば彼は「こいつこれで拉致《らち》被害者を帰還させた小泉総理様に偉そうな事言ったのか。×××には人権無いんだよ。織田信長が生きてたら戦国時代にすでに半島は日本の領土になっていた筈《はず》なんだから」「TVで馬鹿言ってんじゃねぇ！！！　慰安婦なんて×××のでっち上げた嘘《うそ》だぞ！　そんな物は元々存在しません！！！！」（平成26年6月20日）、「慰安婦なんて×××のでっち上げなのに、それに応じる安倍首相もなんだかなぁ……」（平成27年11月19日）、「大体、蓮舫《れんほう》は××だろう？　なんで日本の政治に関わってんだ？　オラァ！」（平成29年2月11日）などとヘイトスピーチを繰り返し、気に食わない相手に対しては「コイツ、文章の書き方が変だし、悪事を働いても謝罪しないから、中身、×××か×××じゃね？？？」（平成30年12月25日）と決めつけてかかっていた。最後のツイートは俗に〝在日認定〟と呼ばれる、インターネット上でレイシストが盛んに行ってきたものだ。

ちなみに、中国や韓国をバッシングしながら「大学から大学院まで6年間台湾の軍隊式暗殺八極拳教えて下さって蘇さん本当に感謝しております」「台湾は中国本土と対立してる為、敵の敵は味方の理屈で実は日本に好意的です」（平成30年1月21日）と台湾には好意を示す（＊10）。あるいは「野党議員全員クビにして自民党だけで無駄な時間使わずさっさと政治すれば済む事です。政治のノウハウを知ってるから自民党が安心なんです」（平成29年12月4日）、「パヨクのゴミ屑《くず》共は政治犯と言っても過言ではない、あの愚策だらけの連立政権をもう忘れたのか？」（平成30年1月18日）、

「これがマスゴミの実態w」（平成30年6月20日）、「ベジタリアンは優しいだぁ？　馬鹿言ってんじゃねぇぞ！　植物だって生きているんだ。それを殺して食っている奴が良い人ぶってんじゃねぇ！！！」（平成29年4月26日）、「綺麗事言うだけの人より行動するトランプ大統領の方が良いですね」（平成30年2月22日）といったいわゆる〝リベラル〟を嫌うツイートを数多く投稿しており、それらは〝ネトウヨ〟と揶揄されるインターネット・ユーザーの典型例のようにも思える。

「私はいつか死ぬ為に生きてます」（平成28年11月14日）、「で、前から思ってたんだけど、歴史改編（引用者注：原文ママ）に付き物の、過去世界で母親あるいは父親を殺すと自分が消える、という定番シナリオあるかな？」（平成30年9月11日）、「私の考え方は理解出来ない。だって、宗教の開祖は大概、生きてる内には認められず、死後、その思想が評価されるのが普通ですから」（平成31年1月23日）、「何十年かして、本当に私が死んだら、葬式の時、出棺の時に『ロトのテーマ』（引用者注：『ドラゴンクエスト』シリーズを代表する楽曲）とか良いかも？」（平成31年4月27日）——英一郎が残した3万7000の投稿の中には、彼の死後に読むと味わい深いものもあって、ログに目を通していると、被害と加害が、単純さと複雑さが入り混じった、ひとりの人間の生々しい姿が浮かび上がってくる。しかし彼は殺害される少し前に、こうもツイートしているのだ。「なんか私の人生を勝手に想像してませんか?」(令和元年5月12日)。

生前の英一郎と交流があった人々は、彼にどんな印象を持ったのだろうか。まず、A(女性)はインターネット上だけでなく実際に会ったことが何度もあるという。彼女が英一郎と知り合ったのは前述した同人誌販売会〈コミックマーケット〉、通称〝コミケ〟の会場だ。英一郎は客として足を運ぶだけでなく、自身のホームページ〈聖殻の神殿〉の同人誌を販売するために出展もしていた。

「英一郎さんに初めてお会いしたのは平成16年から17年の頃、私の同人誌をコミケで購入して頂いた際です。作品を褒めるメールも頂いて、まだ駆け出しだった自分の作品にファンがついたと喜んだものですが、彼のホームページの日記や掲示板を覗いたところ、いわゆる〝ネット弁慶〟的な――自己中心的だったり誇大妄想的だったりする暴言や、母親に対する激しい憎悪《ぞうお》が散見されました。正直、深く付き合うには面倒な相手だなと思いましたし、そのうちストーカー的な行動を取られるのではないかという恐れもあったため、付かず離れずの関係を意識しました」

その後も英一郎はイベントで会う度に、ヘビースモーカーである彼女に煙草《たばこ》を1カートン渡したり、新しい作品が出る度に必ず何部も購入したりと好意を見せてくれたという。しかしAはそのコミュニケーションの取り方にどこかズレた、もしくは過剰な感覚があるようにも思っていた。また、彼女は英昭にも会ったことがある。

「お父様には一度だけお会いしました。英一郎さんが作品を出す側としてコミケに参加した際、私がブースに挨拶に伺ったら、隣に座っていた初老の方を指し、『父です。父もAさんのファンなんですよ』と紹介して下さったんですね。そこで軽く会釈《えしゃく》した程度でしたし、職業については特に聞いていません」

いい歳をした男性が父親と一緒にコミケに出展することは些か異様だが、前述したSNS上での行動と同様、英一郎と何とかして関わろうという英昭の努力を感じるエピソードでもある。そしてB（男性）が知っているのは、『ドラクエX』のゲーム内における立ち振る舞いだ。英一郎については『ドラクエX』の世界では「有名人だった」という証言もあれば、「そんなことはない、自称・有名人だ」という証言もあるが、Bは前者の立場を取る。

「『ドラクエX』にはゲーム内でプレイヤーがいろいろなイベントを企画するシステムがあるのですが、ステラ（英一郎）さんはよくそういったイベントを主催していたため、多くのプレイヤーに名が知られていたと思います」

Bはオンラインゲームとしての『ドラクエX』の特徴はやはりコミュニケーションにあると分析する。

「『ドラクエX』は他のプレイヤーとの協力ありきで進めていくゲームです。敵のモンスターが強すぎたりして、ひとりだけで楽しむのには限界があるんですね。おのずと他者とのコミュニケーションが必要になって、顔を見たこともないはずの仲間に対していつの間にか情が湧《わ》いてきたりもします。そうするとリアルの世界なんかよりも『ドラクエX』の世界の方が楽しいと感じる人が出てきても不思議じゃないですよね。というか、リアルで劣等感を感じている人ほどゲーム内でのコミュニティにはまり込んでいくんじゃないでしょうか」

英一郎も『ドラクエX』を「別の現実世界」と表現、サービス開始初日から毎日、1日中、ログインしていると豪語していた。そして英昭に刺されたのもプレイしている最中だったと見られる。

「ステラさんは亡くなった後もずっと『ドラクエX』にログインした状態で、そのことも話題になりました。彼が操作していたキャラクターが動かなくなった周りに他のプレイヤーが何人も集まって、中には『ご冥福をお祈りします』とか『ざまあwwwww』とかコメントをしている人もいました。ただいちばん多かったのは『ザオラル』というコメントです。〝ザオラル〟は蘇生のための魔法で、仲間のキャラクターが死んでしまった時に使います。英一郎さんが亡くなったことがニュースになり、それがステラさんであるという情報が広まってから、放置されたままの彼のキャラクターに向かって〝ザオラル〟をかける人が何人も出てきたんですね。キャラは生きているけれどプレイヤーが亡くなってしまったので、蘇生魔法をかける。ちょっと異様な光景でした」

　そこではゲーム上の怪談のようなエピソードもある。

「不思議なのが、普通はプレイヤーが何もしなければ勝手にログアウトされるんです。それなのに何故かステラさんは亡くなってからしばらくログイン状態だった。キーボードにずっと何かが触れていたか、コントローラーが逆《さか》さになってボタンが押された状態になっていたか……。記憶では、彼が亡くなった翌日の朝に見たときと、その日の夕方に見たときとでは、キャラが立っている位置が違いました。bot（ここではプレイヤーを自動的に動かすシステムのこと）を使うのは規約違反ですし、運営のチェックも厳しいのでまず考えられません。何が起きていたんでしょう」（＊11）

　また、C（女性）が英一郎と知り合ったのはTwitterを通してだ。

「きっかけは彼がフォローしてくれたことでした。私は基本的に全員にフォローを返しているので、熊澤さんにもそうして、やり取りが始まって。最初の印象は丁寧でしっかりした方だなと。ネット上の出会いだと常識がないなと感じる人も多いのですが、彼は初めから敬語を使ってくれました。その後はリプライでゲームについて話す程度でしたが、ある日、彼から突然DMで『私の父のことを教えます』と書かれたメッセージが届きました。それで検索してみたところ、確かにすごい人の息子らしいぞとは思いました」

彼女によると、英一郎は『ドラクエX』のゲーム内のチャットでもTwitterと同じようなことをしていたという。

「『元事務次官の息子』を公言し、それを盾に『お前たちは私には敵《かな》わない。生まれた時から環境が違う』と誹謗《ひぼう》中傷をしていました。40代にしては考え方が幼いですよね。それで彼は〝ヲチ〟対象になっていたんです。中には直接揶揄うような人もいて、それに対して彼も『お前らみたいな底辺が私に歯向かうな』と反論し、何度か小さなトラブルを起こしていました」

ところで、英一郎のツイートには『相方』という言葉が頻出する。

「『相方』は『ドラクエX』のゲーム内の恋人のようなものです。公式のシステムではなく、プレイヤー同士が口約束のような形で、基本的には男女キャラでカップルをつくり、一緒にストーリーを進めたりイベントに参加したりします。ただ私はこのシステムには否定的です。他の異性キャラと遊んだことで相手の嫉妬《しっと》を買うこともありますし、酷《ひど》い場合にはリアルの恋愛に発展し不倫関係になり、家庭が崩壊するなんてことも。実際に会ってみたら相手が未成年だったという話も聞いたことがあります。また、男性が女性のふりをして相手をだまし、いい装備や武器を貢《みつ》がせるなんていうくだらないことまで起きてしまっているようです。運営側もどうにか対策を行っていくべきですよね」

英一郎は以前の『相方』とは、他のユーザーとのトラブルが原因で別れてしまったこと、しかし新たに『相方』が出来て幸せだということを繰り返しツイートしていた。

「Twitterのアカウントの画像もその『相方』さんとのツーショットですよね。ただ誰も『ドラクエX』の中でふたりが一緒に行動しているところを見たことがない。自作自演説もあって、自分で別の女性キャラをつくっただけではないかと。まぁ無理もない話ですよ。ここまで大きな騒ぎになっているのに、その『相方』さんと思しき女性は全く表に出てこないんですから」

『ドラクエX』は人生をなかなか上手《うま》く進めることが出来なかった英一郎が見つけた居場所だったにも拘らず、彼はそこでもトラブルばかり起こしていた。その世界に根を下ろすことが出来た証であるはずの『相方』も単なる自己顕示欲の表出に過ぎなかったのだろうか。ただし、Ｃはとにかく評判の悪かった英一郎の優しさも印象に残っているという。

「ある時期、私はネット上の人間関係のトラブルに巻き込まれ、すごく落ち込んでいたんです。そんなことを熊澤さんに伝えたら、『大丈夫ですよ。自分も同じような思いをしてリアルダウンを考えたこともあるけど、明けない夜はありませんから』と励ましてくれた。〝リアルダウン〟とは一般的なネット用語ではありませんが、熊澤さんはおそらく〝自殺〟という意味で使っていたんでしょう（＊12）。『ありがとうございます。私も頑張りますね』と返事をしたら、彼はある格言を引用して、こう書いてくれたんです――『なぜあなたはそんなに強いのですか？　それは一度負けたことがあるからです』（＊13）と」

彼女が英一郎から最後にメールを受け取ったのは令和元年5月30日のことだった。

「やはり私を励ます文脈で、今となっては実在したのかわからない『相方』さんの存在をほのめかしつつ、『自分もゲームを通して大切な人を見つけることができたから、あなたもきっと大丈夫ですよ』といったことが書いてありました。そこでは、いま自分はすごく幸せだと何度も繰り返されていました。それに対する返事はできないままに、2日後、英一郎さんが殺されたというニュースを知ることになってしまったわけですが。そんなこともあって、私には彼が川崎（殺傷事件）の犯人と同じような人間だったとは、とても思えないんです」。

岩崎隆一は平成の3分の2を過ごした深く暗い穴の底に、もう一度突き落とされた。その顔はずっとのっぺらぼうのままだが、いま同じ場所にいる熊澤英一郎には僅《わず》かに光が差し、うっすらと表情が見えたような気がした。

＊1　「朝日新聞 DIGITAL」令和元年9月2日付記事より

＊2　本章の記述は令和元年6月、事件発生直後の取材と報道をもとにしており、第4章で取り上げる同年12月の裁判における熊澤英昭の証言とは食い違う部分もあるが、当時の世相と筆者の考えを記録するためにも補正は最小限に留めている。また、裁判における英昭の証言に関しては検察側がその矛盾や曖昧さを指摘した。

＊3　英昭と妻の生い立ちに関しては「週刊文春」令和元年6月13日号及び6月20日号の記事を参照した。

＊4　「週刊文春」令和元年6月13日号より

＊5　フジテレビ系「日曜報道 THE PRIME」6月2日放送回での発言だが、『文藝春秋』（文藝春秋）令和元年8月号の記事「僕は元農水次官を責められない」においてまとめ直したものを引用。

＊6　令和元年6月3日のツイート。ちなみに橋下は前述の記事「僕は元農水次官を責められない」において、「ただし熊沢氏が、自分と妻の身を守るために息子を殺したのだとすれば、話は違います。ましてや息子から暴力を受けていた恨みが動機なら厳しく批判しなければなりません。熊沢氏たちは息子から逃げるなど

すればいいだけだったのですから。僕が熊沢氏を責められないというのは、他人の子が殺されるのを防ぐためだったという一点に限られます。今後の取調べにおいては、この点を明らかにしていくことがポイントになるでしょう」とさらに補足している。

＊7　以下、熊澤英一郎のツイートは彼独特の文体が損なわれない程度に読みやすく整えた他、プライバシーを考慮して伏字にした部分もある。

＊8　この総数にはリツイート（他人のツイートを投稿すること）を含む。一方、本稿では基本的に英一郎が自身で書いたツイートのみを分析の対象とした。

＊9　「英一郎さんがエルおじ速報に残した151のメッセージ」（〈エルおじ速報〉、令和元年6月）

＊10　英一郎は前述のツイートで立憲民主党の蓮舫議員に対して中国人を侮蔑する言葉をぶつけていたが、実際には彼女の父は台湾出身、母は日本人である。

＊11　ただし英一郎が使っていたと見られるハード〈プレイステーション4〉（『ドラクエX』はその他〈Wii〉〈Wii U〉〈Windows〉〈ニンテンドー3DS〉〈Nintendo Switch〉など様々なハードに対応）には、ログアウトされないまま放置出来る方法がある。それでもキャラクターが動いた理由は説明出来ない。

＊12　ツイートに関して言うと、英一郎は〝リアルダウン〟を精神疾患の症状の悪化で倒れたという意味で使っていたと思われる。

＊13　Cはこの〝格言〟について英一郎が「あるボクサーの言葉」と表現していたと言うが、正確な出典は不明。伝説のボクサー＝シュガー・レイ・レナードが同様の趣旨の発言をしている。またバスケットボールを描いた井上雄彦のマンガ『SLAM DUNK』（集英社、平成8年）にも似たセリフがある。

第3章　京都アニメーション放火殺傷事件

まるで巨大な箱が悲しみで満たされていくようだった。平安神宮のすぐ側《そば》に建つ京都市勧業館、通称〈みやこめっせ〉。この京都最大規模のイベント会場はいわゆるハコモノとして日々中身が入れ替わるわけだが、令和元年11月2日の午後は2000平方メートルの広大なフロアに整然と椅子《いす》が並べられ、喪服を着た人々が係員の誘導で端から順に着席していった。彼らの正面には花で象《かたど》られた祭壇があって、中央のプレートには「祈　お別れ　そして志を繋《つな》ぐ」と書かれている。後方の報道席から見ているとフロアが真っ黒に染まったところで悲しげなイージーリスニングがかかり、司会者がマイクを手にとった。同地に拠点を置き、世界的に高く評価されてきたアニメ制作会社〈京都アニメーション〉のスタジオを襲った惨劇。その犠牲者を悼《いた》む3日間に亘《わた》る式典が始まる。

登壇した代表取締役社長・八田英明《ひであき》は沈痛な面持ちで語り出す。

「令和元年7月18日午前10時半、言葉では言い表せない悲しい事件が起きました。本当に優秀な仲間36名が亡《な》くなり、33名が入院等を余儀なくされました。7月17日までの日常が、普通にあったあの日々が、一瞬にしてなくなりました。あの日から１００日あまりが過ぎましたが、全国からこの地に集まったひとりひとりを思う時に、社内では悲しい思いで涙をこらえることができない日々が続いております」

重苦しいスピーチが、形式的な装飾が施されただけの味気のない会場に響いていた。日本を代表するアニメ制作会社を支えた人々のための追悼式であったにも拘《かかわ》らず、そこには絵も飾られていなければ、映像が流れることもなかったのだ。正確に言えば会場の空間はもともとのフロアを半分に区切ったもので、壁の向こう、もう半分の空間には世界中のファンから寄せられた大量のイラストレーションやメッセージ、千羽鶴《せんばづる》が展示されていた。しかし京都アニメーションとしてはその思いを、式典の場で作品を通して昇華出来る段階には至っていなかったのだろう。それだけ事件で負った傷は深く、再建への道のりは果てしないように思われた。事件当時の従業員数は１６５名。家族主義で知られた同社の、実に４割以上ものひとびとが死傷したのだ。改元から３ヶ月も経《た》たない内に、今度は日本の犯罪史上最悪とも言われる放火殺傷事件が起こってしまった。

爆心地は住宅地だ。京都市と宇治市との境に位置する京阪電気鉄道・六地蔵駅。そのすぐ側の桃山町因幡《いなば》地域は、山科《やましな》川沿いの沼地だった場所を埋め立てて開発したため、比較的新しい住宅が立ち並んでいる。追悼式の初日の後に訪れるとちょうど夕飯時だったこともあり、家の中から子供たちの楽しそうな声が聞こえてきた。しかしそれを耳にしながら角を曲がると、突然、黒く焼け焦《こ》げたビルが姿を現す。地元の人々が「京アニさん」と呼ぶ、京都アニメーション第1スタジオだ。鉄筋コンクリート造りの3階建は形を保っているが、ベニヤ板が貼《は》り付けられ周囲が黒く焼け焦げた窓や、ぐにゃりと曲がった屋上の囲いが火災の酷《ひど》さを物語る。令和元年7月18日午前10時半、ここが事件の舞台となった。路上には弔問者や報道関係者に向けて書かれた看板が立っていた。

「この度の京都アニメーション放火事件に関しまして、犠牲となられた方々へ哀悼の意を表するとともに、負傷された方々の一日も早い御回復をお祈り申し上げます。私ども町内会としましても、事件のショックが大きいこと、『京アニさん』たちと挨拶《あいさつ》を交わす日常が返ってこないこと、『日本の宝』が奪われたことが残念で言葉にする

ことができません。一方、私たちは、ここで生活をしています。その日常や、プライバシーが脅《おびや》かされることがないよう、お願い致します」。ごく普通の生活の豊かさを描く〝日常系〟の名作を送り出してきた、あるいは実際の風景を絵に取り込むことでその場所を〝聖地〟化してきた京都アニメーションのコアは、今やダークツーリズムのスポットと化してしまったのだ。

「死ね!」。男はそう叫びながらスタジオのエントランスでポリバケツに入れたガソリンをぶちまけ、ライターで火をつけた。その瞬間、大きな炎が上がり、いわゆる爆燃現象によって真っ黒な煙が3階まで続くらせん階段を急上昇する。出火時、1階では11人、2階では32人、3階では27人の社員が働いていた。煙が視界を遮っただけでなく、出火60秒後には建物内に300度の高温に及ぶ燃焼生成ガスが充満し、多くのひとがあっという間に意識を失ったとみられる。咄嗟《とっさ》に玄関から逃げ出したり、必死でベランダから飛び降りて助かったひともいるが、屋上のドアへと続く階段では逃げ場を求めた19人もの社員が折り重なるように亡くなっていたという。

現場では消防車や救急車の到着前に、周辺にいた人々によって救出作業が行われた。近隣で工事をしていた作業員がバールを使ってトイレの窓格子《まどごうし》を壊したり、外壁に梯子《はしご》をかけたことで九死に一生を得たひとも多い。第1スタジオから100メートルほど離れた六地蔵駅のすぐ近くでも、路上に倒れ込んだ大柄の男の服から上がる火に地元住民がホースで水をかけていた。その髪は縮れ、顔は皮膚が爛《ただ》れて脂肪が覗《のぞ》き、裸足の裏は血だらけだった。しかしそこへ京都アニメーションの社員が追いかけてきて、男を取り押さえる。それは他でもない放火殺傷犯＝青葉真司だったのだ。「なんでこんなことをやった」と詰問《きつもん》される中、青葉は「パクりやがって」などと息も絶え絶えに呟《つぶや》いていたという。

青葉が起こした事件の怖さに、69人もの人々を一瞬で殺傷した凶器が、現場から500メートルほど離れたガソリンスタンドで直前に購入したガソリンだったという、その手軽さがあった。彼はそこで「発電機に使う」と偽って、持ち込んだ20リットルの携行缶2つ分を満たし、台車に乗せて運んで行った。そして第1スタジオの前でガソリンをポリバケツに移し替えると、それを持って建物内に侵入した。警察はスタジオの前で剝《む》き出しの包丁を1本、近くに置かれていたカバンからも剝き出しの包丁を5本、発見。火をつけた後、社員を直接攻撃する計画だったようだが、ガソリンの威力は青葉の想像を遥《はる》かに越え、自身も炎に包まれた。

青葉の犯行は、報道を通した衝撃的なイメージもあって多くの模倣犯を生んだ。事件直後の令和元年7月19日には、映画監督・庵野《あんの》秀明《ひであき》が代表取締役社長を務め、『ヱ

ヴァンゲリヲン 新劇場版』シリーズの制作で知られるアニメ制作会社〈カラー〉に対して3年間に亘り、同社作品の著作権は自分の家族にある、金銭を支払えなどと根拠不明の中傷を続けていた35歳の男が、〈カラー〉のTwitterアカウントに「金は必ず支払えよ。京アニみたいに俺《おれ》たちの家族を頭のオカシイ人には出来ないから」と投稿、威力業務妨害容疑で逮捕された。

令和元年8月1日から愛知県で行われた芸術祭〈あいちトリエンナーレ2019〉では、企画展示〈表現の不自由展・その後〉の内容を巡って論争が起こったが、展示作品のひとつで、従軍慰安婦問題をテーマとしたキム・ソギョン／キム・ウンソンの「平和の少女像」を「大至急撤去しろや、さもなくば、うちらネットワーク民がガソリン携行缶持って館へおじゃますんで」(＊1)などと書いたファックスが愛知芸術文化センターに届き、同企画展示は一時中止に追い込まれた。この事件でも威力業務妨害容疑で59歳の男を逮捕、〈あいちトリエンナーレ2019〉の芸術監督を務めたジャーナリスト・津田大介《だいすけ》は後に「京都アニメーションの放火事件が起き、三十六人が犠牲となったこと。この戦後最悪レベルの事件が脅迫にリアリティーをもたらし、職員を疲弊させました」(＊2)と振り返っている。

他にも11月13日に政治評論家・竹田恒泰《つねやす》が「日本はなぜ世界でいちばん人気がある

のか」というテーマの下、富山県朝日町で行うはずだった講演が「中止しなければ、ガソリンをまく」などという電話を受けて中止になるなど、青葉の犯行に影響されたと見られる脅迫が全国で少なくとも10件は起こったという（＊3）。第1章で書いたように岩崎隆一が起こした事件は〝引きこもり〟〝高齢化社会〟〝7040／8050問題〟といった政治的問題を社会に突きつけた点で広義のテロリズムとも解釈出来る。熊澤英昭《くまざわひであき》はそのメタメッセージに感化されて息子を殺したわけだが、京都アニメーション放火殺傷事件は実際にテロに応用されたのだ。これを受けて政府は、ガソリンを容器で販売する際には身分証の確認を徹底することなどの規制強化を決定する。

また、青葉の動機が言い掛かりにもならない、妄想と思われるようなものだったことも不気味な印象を与えた。事件後、全身の90％に重度の火傷《やけど》を負った彼から捜査員が何とか聞き出した放火の理由は、前述のうわ言と同様、「京アニに小説の内容を〝パクられた〟」というものだった。京都アニメーションは平成21年に〈京都アニメーション大賞〉を設立して小説やシナリオ、マンガなどの公募を開始。受賞作の中にはアニメ化され、同社の代表作となったものもある（＊4）。事件直後、社長の八田は青葉が同賞に作品を送ってきたことはないと語っていたが、その後の調べで名前や住所、電話番号などの情報が合致する人物から小説の投稿があったことが分かった。ただし京都アニメーションの顧問弁護士・桶田《おけだ》大介は、青葉の作品は賞の1次審査を通過しておらず内容が社内で共有されていなかったこと、そもそも同社制作の作品に内容が類似したものはないことを確信していると説明した。客観的に考えて、公募しているのにわざわざ〝パクる〟理由はないだろう（＊5）。それにも拘らずインターネット上では京都アニメーション側の不正を疑う歪《いびつ》な意見が見られた。

11月2日の夜に訪れた第1スタジオの前にはバンが停《と》まっており、運転席には警備員がいたが、彼はスマートフォンをいじることに夢中だった。そしてすぐ近くの民家の壁には奇妙な紙が貼ってあった。青葉の写真やマンガのコマのコラージュに文章が添えられている。「犯人は2012年に『ガソリン放火を考えていた』と言っています。それをネタに追い込む手口です。週刊少年ガソリンが6月に制作されたことからして、明らかにおかしい。暴力装置・マインドコントロール・実験をしています。『京アニ放火犯はメディアストーカーされていた』で検索してください」。このビラの背景にあるのは、京都アニメーション放火殺傷事件を巡る陰謀論だ。

まず事件当日、第1スタジオの入り口は施錠されておらず、青葉は建物内部に容易に侵入することが出来た。そしてそのことに関して、NHKの取材の予定が入っていたため、会社側が鍵《かぎ》を開けておいたという報道があった。そこから、NHKが事件を

仕掛けたという荒唐無稽《むけい》のデマがインターネット上で発生することになる。その後の報道において、業務時間帯は普段から無施錠だったと修正がなされたが、7月30日にはNHKが「京都アニメーションの放火事件に関するネット上の書き込みについて」というデマを否定するプレスリリースを出さざるを得なくなる。前述のビラもそういったデマのヴァリエーションのひとつだ。

事件直後の8月、日本のアニメ制作黎明期《れいめいき》を描いたNHKのドラマ『なつぞら』の公式ホームページに、小道具のひとつとして「週刊少年ガソリン」と書かれたポスターを掲載。京都アニメーションの惨劇を連想させると批判の声が上がる。これに関してもNHKは「ポスターは6月に制作され、事件とは無関係」と釈明したが、陰謀論者は「6月に制作したということは、やはりNHKは事件の計画を事前に知っていたのだ」と妄想したわけである。冒頭の式典の翌日、11月3日には同じ〈みやこめっせ〉でファンに向けた追悼式が開催されたが、会場にいる警察官の数が見る見るうちに増えていった。不穏な雰囲気の中、警察官のひとりが持っていた紙を覗くと、件《くだん》のビラと同じものだった。この会場にも貼られていたのだという。青葉の憎悪《ぞうお》が社会に伝染していくようで背筋が寒くなった。

一方、当の青葉は事件現場から救急車で搬送され、大阪府大阪狭山市にある近畿大学病院に入院していた。同病院は平成30年、救命救急センター内に「熱傷センター」を設立、高度な専門治療を行うことで知られる。青葉の全身の90%に及ぶ火傷は、程度の順にⅠ度からⅢ度に分類される内、その大部分が最も酷いⅢ度に該当するほど深刻だった。しかし彼の犯行によってやはり重度の熱傷を負った被害者が多数発生したわけで、ただでさえ貴重なドナーから提供された皮膚を保管するいわゆるスキンバンクが枯渇してしまった。被害者を優先して治療が行われたが、犯人とは言え青葉の命も救わなければならない。そこで、彼にはスキンバンクに頼らず人工皮膚のみを使う更に困難な手術が施されることになり、この治療には1000万円超の費用がかかったとされる（＊6）。本人は支払えないため、国か自治体が負担すると見られ、世間では否定的な意見が相次いだ。

青葉は11月14日にはようやく命に別状がない程度まで回復し、近畿大学病院の熱傷センターから京都市内の病院に移送された。その際、看護師に対して「人からこんなに優しくしてもらったことは今までになかった」と感謝の言葉を漏らしたという。もちろん如何《いか》に苦労の多い人生だったとしても、青葉の罪は許されるものではない。それでも、ひとつの建物を焼き尽くし、69人もの死傷者を出し、自身も生死の境をさまようことでしか他人の優しさを実感出来なかった男が、果たしてどのような人生を送ってきたのか検証されるべきだろう。改元以降、川崎殺傷事件、元農林水産省事務次官長男殺害事件、京都アニメーション放火殺傷事件と3ヶ月足らずの間に立て続けに陰惨な事件が起こったことは偶然でしかないが、それらを平成の間、「先延ばし」にされこじれていった問題の発露と見ることは決して突飛な思考ではないからだ。青葉もまた社会から「漏れ落ちた」人間だった（*7）。何が彼を犯行に駆り立てたのか。

*

令和元年7月15日、青葉真司は新幹線から京都駅に降り立った。その日、彼が出発したのは400キロ離れた埼玉県さいたま市見沼区O町のアパートだ。足取りを遡《さかのぼ》るように訪れたそこもまた箱のようだった。ただしそれは賑《にぎ》やかな観光名所に建つ巨大なハコモノとは対照的に、空き地に打ち捨てられた段ボールを思わせた。周囲の住宅には庭に洗濯ものが干されていたり子供の遊具が置かれているが、がらんとした駐車場の横に建つ2階建て各階5部屋ずつのこのアパートには生活感がまるで感じられない。ほとんどの表札には名前が書かれておらず、窓の方に回ってみるとカーテンは備え付けなのだろう、全《すべ》て同じものだ。住人にとって部屋はあくまでも仮住いという雰囲気である。試しに青葉の部屋のインターフォンを鳴らしてみると、電源が切られていて音がしない。そんなアパートで青葉の隣人だった男性は、彼に対して強烈な印象を持っていた。

「僕がこのアパートに入ったのは平成29年7月で、容疑者は既にいました。初めて会った時に挨拶をしたのですが、無視されたので以降はこちらも声をかけることはなかったです」。そしてすぐに異変が起こる。「住み始めると、隣室の騒音に悩まされるようになりました。毎晩、日付が変わる頃から長い時は夜中の3時頃まで、何かを加工しているような音が聞こえてきて。後にそれはスピーカーから鳴る重低音だと判明するのですが、土日なんかは昼間もロールプレイング系のゲームの音が大音量で、延々とループして聞こえてくるんです」。

　事件から8日後の7月26日、京都府警は殺人や現住建造物等放火などの疑いで青葉の部屋を家宅捜索している。その際、捜査員が二人掛かりで抱えて運び出したのが巨大な円筒形のスピーカーだった。これは音響メーカー〈BOSE〉のAWCS－2－SRという低音を出すことに特化したいわゆるサブ・ウーファーで、通称は〝キャノン（大砲）〟。ライヴ・ハウスやクラブでも使われる強力なものだ。また同じくBOSEの901SSというスピーカーも押収《おうしゅう》されたが、青葉のアパートはキッチンが1畳、リビングが8・3畳という間取り。その規模の部屋で鳴らすのは常軌を逸していると言っていい、強力な組み合わせのサウンドシステムである。隣人の言う〝騒音〟の出所はこれだったのだ。

「僕も半年くらいは我慢していました。でもさすがに耐えきれなくなり、警察に通報したんです。そうしたらおまわりさんが容疑者の部屋を訪れて、『この辺で大きな音がしませんでしたか？』とそれとなく注意してくれた。その後、1週間ほどは収まったものの、またうるさくなって。だから繰り返し通報することになりました。それが効いたのか、今年（平成31年）の1月頃からは静かになり安心していたのですが……」

令和元年7月14日の夜のことだ。「11時半頃でした。僕が部屋にいたら、容疑者の部屋からこちらに向かって壁をドンドンと叩《たた》く音が聞こえてきて。どうやら上の階のひとの足音をうちの音だと勘違いして怒っていたようで、足音がする度に壁を拳《こぶし》で殴るんです。最初は怖くて無視していたんですが、やっぱりちゃんと言った方がいいと考えて、静まった後で外に出て部屋を訪ねました。そして出て来た彼に『僕の部屋ではなく上の階の音ですし、迷惑なので止《や》めてください』と伝えた」

男性は部屋に戻る。すると、「今度は容疑者の部屋から『うわあああ』という叫び声が聞こえ、また壁をドン！　ドン！　と何度も叩いてきた。更に僕の部屋の前に来てドアを叩き、ノブをガチャガチャ回したんです。びっくりしましたがその時も一旦《いったん》はやり過ごし、しばらくしてまた僕の方から彼の部屋を訪ねたら、ドアが開いた途端、胸ぐらと頭を摑《つか》まれました。そして身体《からだ》を固定された状態で『お前、殺すぞ！』『うるせぇ！　黙れ！』『こっちは余裕ねぇんだよ！』『失うもの何もねぇんだよ！』と怒鳴られた。こちらから『何がうるさかったか言ってください』と質問しても聞く素振りもなく、胸ぐらと頭を摑んだまま同じ言葉を繰り返すんです」。

その状況が10分ほど続いた。「顔を突き合わせる形で怒鳴られていたので、本当に怖かったです。目つきも飛んでいるというか、瞳孔《どうこう》が開いているような感じで異様でした。正直、殺されると思いました。顔はにきびだらけで無精ヒゲが生えていて、それと変な臭《にお》いがしました」。ようやく解放された男性は近所の交番へ向かうが、問題をこじらせたくないので事件としては届けなかったという。一方、青葉は翌日京都に向かったと見られる。そして3日後に京都アニメーション放火殺傷事件が起こった。「事件のことを知った時、あのひとならやりかねないと思いました。僕はそれぐらい恐怖を感じましたから。引っ越しも考えていたのですが、もういなくなったのでどうしようかなと……」。

隣室の借主は依然として青葉のままだという。入居する際、彼には連帯保証人を引き受ける親族や知人がおらず、代わりを務める居住支援法人に依頼することになった。

事件後、青葉に解約の意思を確認出来ないため、同法人は代わりに家賃を支払わざるを得ないのだ。家宅捜索では前述のサウンドシステムや京都アニメーション関連のグッズ、スマートフォンの他に大量の原稿用紙も発見されている。青葉はそこに小説を綴《つづ》っていたと見られる。大音量は隣人にとって迷惑以外の何ものでもなかったし、小説を〝パクられた〟という妄想が彼を犯行に駆り立てた。しかしそのサウンドシステムに対するこだわりから言っても、青葉が芸術／文化に耽溺《たんでき》していたことは間違いない。家宅捜索を受けて空っぽになった創作の場は、二度と帰ってくることはない〝作家〟を待ち続けている。

青葉真司が生まれてから京都に向かうまでの41年間の歩みを車で辿《たど》っていると、とあるエリアをぐるぐると回ることになる。そして窓の外を流れる広大な田畑と面白みのないロードサイド店舗を見続けることになる。青葉は埼玉県南東部から茨城県南西部にかけての各所を転々として半生を過ごした。つまり彼は北関東（＊8）ののっぺりとした風景に半ば閉じ込められていたわけだが、そこを抜け出すための出口と定めたのが〈京都アニメーション大賞〉で、しかし穴の向こうに見える世界は次第に歪《ゆが》んでいった。前述の2地区の内、前者のさいたま市が青葉の生地、後者の常総市は彼の両親の生地にあたる。ひとりの犯罪者について考えるとき、生い立ちに意味を見出《みいだ》すことには慎重にならなければいけない。それでも青葉を取材しているとその呪われた――という言葉さえ使いたくなるような家族を巡る物語に、運命めいたものを感じずにはいられないことも確かだ。

青葉真司の父・正雄（仮名）は昭和8年、現在は常総市に属するS町で生まれた。平屋だったという実家は既に取り壊されてアパートが建っているが、その前に広がる田地の風景は当時とたいして変わらないだろう。ただし青葉家の所有していた土地は狭く、暮らしは厳しかったという。（真司の祖父にあたる）正雄の父は家計を支えるために副業で、荷馬車を使って遥々東京まで品物を運んでいく、今で言う運送屋をしていた。町の人々は彼を「働き者だった」と思い返す。「飼っていた馬が白かったので、〝白馬車〟さんって呼ばれていました。馬が可哀《かわい》そうだからって、自分がいくら疲れていても馬の背中には乗らない、気持ちの優しいひとでしたね」。そんな〝白馬車〟さんの最期《さいご》は自死だった。「癌《がん》になって、病院に入るお金もないから苦しんで。首をくくってしまったんです」。

対して、正雄について訊《き》くと「農家を継いだけど、あまりしみじみまじめに仕事をやる人間じゃなかったよな」「あのひとは働くのが嫌いでね」「でも男っぷりは良かっ

た。口も上手《うま》かったから、女にはモテたよ」などという答えが返ってくる。田地を放ったらかしにして様々なことに首を突っ込んでいた正雄は、一時期、選挙運動に夢中になっていた。近隣のM地区にある寺の住職が地方選に立候補した際に手伝いをしたのだが、こちらでは働き振りが認められ、以降も住職の車や寺が運営していた保育施設の送迎バスの運転を任されるようになる。住職は平成10年に他界。保育施設の現在の理事長が「自分は直接会ったことはない」と断った上で、正雄について知っていることを教えてくれた。

「今から50年近く前のことになるかと思いますが、正雄さんがここでバスの運転手をしていたことは確かです。ただ正規の職員ではありませんでした。常勤の運転手が休んだりして穴が空いた時に頼まれていたようですね。他にも住職のおつかいだとか将棋の相手だとか……。毎月決まった給料を払っていたわけではなく、その都度、仕事した分のお金を手渡しする形だったと聞いています。昔はそういう、何をやっているのか分からないようなひとが地域にちらほらといたんです」

いわゆる雑用係のようなものだったのだろう正雄は、やがて同保育施設で働く女性＝信子《のぶこ》（仮名）と結婚。実家で両親と共に暮らし、最終的に6人の子供をもうける。ところがある時、彼は別の職員と不倫関係になり、駆け落ちしてしまう。その相手が青葉真司の母、登紀子（仮名）だ。正雄たちの駆け落ちは、小さな町では大事件として語り継がれていた。「当時既に白馬車さんもお婆《ばあ》さんも亡くなっていたんで、お嫁さんと子供たちが取り残されてしまって」「食っていけないから上の子供たちから順に働きに出るようになって、それでひとり減りふたり減り、結局誰もいなくなった」。ある男性が、正雄が残した田地の様子が気になって様子を見に行くと、別の人物が農作業をしていた。「正雄が田んぼを売っぱらっちゃったんだ。そういう男なんだよ」。また、ある女性は言う。「ただ、駆け落ちした後もここの家にちょこちょこと帰ってきていたんです。６人兄妹の最後の女の子はその頃に出来た子だって言うんだからねぇ」。その後の前妻の行方を知るひとはS町にはいなかった。そして皆、青葉真司が起こした事件に困惑していた。「犯人が正雄の子供だって聞いてびっくりしたよ。でも駆け落ちした女性との間の子供は見たこともない。大火傷をして、治療されているんでしょう？　どうせ死刑になるんだから、放っておけばいいのに」。

一方、青葉真司の母・登紀子は昭和25年生まれで、正雄とは年が17歳も離れている。彼女の地元は現在はS町と同じ常総市に属するOS町。高校卒業後に前述の保育施設で働き始め、毎朝、バスで通っていたという。町の老人は、登紀子の父親が彼女を自転車の後ろに乗せてバス停へ向かう姿を記憶している。「でも奥さんがいる男性とくっついて出ていってしまってねぇ。この辺じゃあそんな話は珍しかったからよく覚えているよ」。登紀子の父は元軍人で、町では〝海軍さん〟と呼ばれていた。彼女の実家はいわゆる分家。同じ通りにある本家から土地を分けてもらい独立したようだ。本家の立派なつくりに対して、登紀子の実家は小さい。そしてその裏にはやはり小さな畑がある。海軍さんは復員した後、近くの工場に働きに出ていたということで、白馬車さんと同様、農業だけでは生活していけなかったのだろう。登紀子は正雄と駆け落ちした後、長い間、父のいるOS町に帰ってこなかった。

逃げるようにそれぞれの生地を飛び出した正雄と登紀子は、新たな土地で3人の子供を授かる。昭和53年生まれの青葉真司は真ん中で、上には兄が、下には妹がいる。青葉家の足取りで確認出来る最も古い場所は、真司が小学生から中学生にかけて暮した埼玉県さいたま市緑区N町の国道沿いに建つアパートだ。訪ねると郵便受けにはチラシがぎゅうぎゅうに押し込まれ、雨戸を閉め切っている部屋も多く、インターフォンを押しても反応がないので既に廃墟《はいきょ》になっているのかと思われたが、立ち去ろうとした時、錆《さ》びついた階段を老人が降りてきた。築40年ほどだというから青葉家が住んでいた頃はまださほど古くなっていなかったはずだ。しかし真司の小学校の同級生が記憶しているのは、部屋の荒れた様子である。

「青葉とはクラスが一緒で仲良くしていました。友達は少なくて、遊んでいたのは僕ともうひとりぐらいでしたね。ひとことで言えば何を考えているかよく分からないやつでした」。彼は言う。「あだ名は〝バオウ〟。当時は『北斗の拳《けん》』が流行《はや》っていて、あいつは体が大きかったから（登場キャラクターの）〝ラオウ〟と青葉の〝バ〟をかけて。自宅にも遊びに行きましたが、部屋中がゴミだらけで衝撃を受けましたね。食べ終わった容器もそのままでとにかく汚かった。あとあいつは服がいつも同じで。事件の後に出回った卒業アルバムの写真、あのGジャンを毎日着ていましたよ」。彼は真司に万引きに誘われたことも印象に残っているという。「まだ小学校低学年でしたからびっくりしましたね。スーパーでお菓子を盗《と》ろうと言っていたので、いま思えば親にあまり買ってもらえなかったのかもしれません」。小学生で万引きをすることがそこまで特異だとも思わないし、ましてやその後に起こした放火殺傷事件と結びつけるべきではないが、同級生たちが青葉家に関して決して豊かではないイメージを持っていたことは、青葉真司のバックグラウンドについて考える上では重要だろう。

中学生時代の知人もやはり同じようなイメージを持っていた。「クラスは別でしたが同じ柔道部だったので、覚えていますよ。友達があいつの家に遊びに行ったら部屋がしょんべん臭かったみたいで、乱取りで僕が青葉と組んだとき『あいつ、臭くなかったか?』と聞かれたりしました」。そしてある日、真司は姿を消す。「中学1年生の終わりか2年生の頃、学校に来なくなったんです。先生がホームルームで『みんな、青葉を知らないか?』と生徒に聞いていましたから、転校というよりも突然いなくなった感じで。友達も少なかったので、何でいなくなったのか何処《どこ》に行ったのか分からずじまいですが」。この頃、青葉家はひと知れず同じ緑区内で5キロほど離れたD町に移っていた。

若い青葉真司は地道に人生を歩もうとしていたようにも思える。定時制高校時代は埼玉県庁の文書課で非常勤職員として、卒業後はコンビニエンス・ストアでアルバイトとして勤務。20歳頃からさいたま市の隣の春日部《かすかべ》市でひとり暮らしを始めた。しかし一方で青葉家は次第に崩壊し、真司も不幸に足を取られていく。まず、不倫を経て駆け落ちまでした登紀子は、結局、夫と3人の子供を残して家を出てしまう。その後、正雄はタクシー運転手として生計を立てていたが、交通事故を起こしたことで解雇された上に怪我《けが》をしたため働けなくなり、家賃の支払いさえままならなくなる。そして平成11年、彼は父親と同じように自死する。

登紀子に去られ、長男と真司が独立した後、正雄と長女が住んでいたD町のアパートの部屋を訪ねてみたが、ドアの前は物置き場と化していた。20年前、正雄が命を絶った後も長女は弁当屋で働きながらその部屋で暮らし続けたという。しかし彼女も不意に姿を消す。以来、大家は気味が悪くなって部屋を貸すのを止めてしまったのだと、近隣住民は語る。「娘さんが野良猫《のらねこ》に餌付《えづ》けをしていたんだけど、うるさいし汚いから迷惑だと注意したら、『あんたらには私の気持ちなんか分からないよ』と言われたことを覚えているね」。

青葉家の足取りを追っている内に、正雄の前妻・信子と子供たち――つまり青葉真司の異母兄妹《きょうだい》たちのその後を、ひょんなことから知った（＊9）。

ある夏の日中、ひとりの女性が常総市M地区のA寺を訪れたという。対応した住職は京都アニメーション放火殺傷事件が起こったあと、周囲に聞いた話からそれが青葉真司のいわゆる腹違いの姉妹だったと気付き、はっとした。「うちに来た時、彼女は叫んでいました。気がおかしくなって何かが見えるという感じで、確か『ＧＡＣＫＴの霊がいる』みたいなことを言っていた記憶があります。自分だけでは歩けないような状態で、付き添っていた年配の女性によると『本人がどうしてもお寺で除霊をして欲しいと言っている』と」。

女性はその前に近隣のB寺で除霊を依頼したが断られたため、ここにやってきたのだと語った。「ただうちでも〝除霊〟というものは出来ないので、ご祈禱《きとう》という形でもいいかと提案しました。するとそれで『いい』と言うので、太鼓を叩いてお経をあげてという通常の形式でご祈禱をしたら、少し落ち着いたようで安心しました」。そして霊に憑《つ》かれたと主張する女性はこのまま祈禱を続けて欲しいと頼むが、その時、住職には用事があった。「彼女が来たのはお昼の12時半とか午後1時頃だったと思うんですが、2時から施餓鬼《せがき》という夏の行事が予定されていたんです。だから断って、『すいませんね、本堂で休んでいいですから』と声をかけ、私は出かけた。その後、1時間ほどそこにいて帰っていったと聞いています」

ところがしばらくして、住職は驚くような話を耳にする。「彼女はうちのお寺にご祈禱に来てすぐに亡くなりました。自殺です。近所の学校の倉庫で首を吊《つ》っていたと。直前にうちの寺に立ち寄ったということで警察が訪ねて来ました。朝、生徒が倉庫を開けたところ、中で亡くなっていたそうです。その後、子供達のトラウマになってしまったため倉庫は取り壊されました」

ちなみに、前述した正雄が（先々代の）住職に世話になった経緯から送迎バスの運転手を務め、前妻の信子、そして後妻の登紀子が保育士として働いていた保育施設を経営するのもこのA寺である。また同寺の別の関係者によると、信子と子供たちは、正雄が登紀子と駆け落ちをし、更に土地を売り払ってしまった後、S町からM地区に移り住んだという。

A寺から250メートルほどしか離れていない同じM地区のB寺を訪ねると、同寺の住職も青葉の腹違いの姉妹がやってきた日のことをよく覚えていた。正確に言うと、彼も京都アニメーション放火殺傷事件によって、その過去の出来事が強烈な意味をもって思い起こされたのだ。「令和元年7月18日はたまたま京都にいまして、帰りの新幹線の車内ニュース・テロップで京アニ事件のことを知ったんです。『大変なことが……』と驚いて寺に帰ったら報道の方がいて、それで犯人が青葉家の者だと分かった」。

他でもない、B寺の合祀墓《ごうしぼ》には青葉家の遺骨が納められており、各葬儀の際に法要を務めたのがこの住職だ。同寺の周辺だという信子と子供たちが住んでいた場所を探して、夕暮れの鬼怒川《きぬがわ》沿いを歩き回っていると、真新しい住宅やアパートが立ち並ぶ中、一軒だけ時代から取り残されたように古びた——というよりは半ば朽ち果てた、小さな木造平屋が目に留まった。割れた窓ガラス越しに、真っ暗な部屋の中、荷物が積み重なっているのが見える。近づくと、突然、玄関前に置かれた洗濯機の上の防犯用センサーライトが光り、足が竦《すく》む。薄暗い中でポストに詰め込まれた郵便物の〝青葉〟という宛先《あてさき》が浮かび上がる。「ごめんください」「青葉さん」。何度も呼びかけたが、返答はなかった。

「そうですか。京アニの事件があった時はまだ住んでいたはずですが、報道陣が押し寄せたようなのでうんざりして出ていってしまったのかもしれませんね。——子供たちが。お母さんは既に亡くなられているので。彼らは事件と何の関係もないのにね」

B寺の住職は在りし日の信子とその子供たちの生活に思いを馳《は》せる。

「生活にはずっと困窮していたと思いますよ。いわゆるぼっとん便所の汲《く》み取りも頼めないような状況で、あっちの公園、こっちの公園って公衆便所を回っては用を足してたって言うんだから」

平成11年には正雄が自死。葬儀はB寺で行われることになる。

「正雄さんの家にはお金がなかったのですが、地元のS町のひとたちが出し合って、何とか形だけでも葬儀をあげて欲しいと。祭壇もつくらず、最低限の形で執り行いました。お墓もないので供養塔（合祀墓）に入ることになった。葬儀に真司さんが来ていたかどうか、当時は顔を知らないので定かではないです」

そして数年後に正雄の娘であり、真司の異母姉妹にあたる女性が訪ねてくる。

「彼女は1時間ぐらい『生きていたくない』というようなことを延々と言っていたので、私はショック療法として、以前、自死された檀家さんの家族が引き受けて欲しいと持ってこられた、その方が命を断つ際に使ったロープとビール箱とを引っ張り出してきて、『そんなに死にたいならこれをどうぞ』と渡したんです。そうしたら『私は死ぬつもりはない！』と急に怒って飛び出してしまって。それでああ良かったなと思っていたら……」

その自死を遂げた青葉の異母姉妹の葬儀もB寺で行われ、後に病死した信子も同様である。現在、彼女らの骨壺《こつつぼ》は正雄と共に合祀墓に納められている。

「奇妙なものですよね。捨てて、捨てられ、離れ離れになったはずなのに結局は同じところにいるんだから」

祖父、父、異母姉妹——3代続けての自死に因果を感じない方が難しいだろう。もしくは青葉家にかかった呪いとは、日本の下層に広がる沼に足を取られたということなのかもしれない。それは一度はまると抜け出せなくなってしまうものだ。

青葉真司もまたその負の連鎖を断ち切ることが出来なかった。彼が人生を踏み外したのは平成18年のことだ。同年のある春の朝、青葉がひとり暮らしをしていた春日部市のアパートに警察がやってくる。容疑は下着泥棒。コンビニエンス・ストアの夜勤明けだった彼は寝間着姿のまま連行されたという。母の登紀子は離婚後も子供達を気にかけていたようで、留置場にいる間の家賃は彼女が支払った。青葉は執行猶予《ゆうよ》判決を受けるがアパートを退去することになり、常総市に住んでいた登紀子のもとへ身を寄せる。その後、複数の人材派遣会社に登録し、仕事を転々としていった。

平成20年6月には同じく非正規雇用労働者だった25歳の加藤智大《かとうともひろ》が、トラックで通行人をはね、更に路上に降りて歩行者天国を楽しむ人々をナイフで次々と切りつけ、7人が死亡、10人が負傷した秋葉原殺傷事件が起こる。第1章で引用したようにそこに就職氷河期世代が持つ社会に対する苛立《いらだ》ちと繋《つな》がる部分を見て取り、テロリズムとして捉《とら》える考え方がある（＊10）。同年12月31日から翌年1月5日にかけては、自立生活サポートセンター〈もやい〉の事務局長・湯浅誠らが住居を失った非正規雇用労働者を保護するため、東京都千代田区の日比谷公園に〈年越し派遣村〉を開設。プレカリアート（不安定な労働者）としての彼らは急速に社会問題化していった。青葉は昭和53年生まれ、加藤は昭和57年生まれで、共に就職氷河期世代にあたる。後者の事件と前者の事件との間には約10年の時差があり、その期間における青葉の経歴を検証すると、同時代の政治や労働運動が救うことが出来なかった人間の姿が浮かび上がってくるだろう。もしくは同じく改元直後に起きた川崎殺傷事件の犯人・岩崎隆一と、元農林水産省事務次官による家庭内殺人事件の被害者・熊澤英一郎も共に一般的な働き方からドロップアウトしてしまった人物だが、昭和50年生まれでやはり就職氷河期世代にあたる後者に対して、前者は昭和42年生まれと世代がずれている。一方で、岩崎隆一が引きこもり始めたのは平成10年前後と見られ、就職氷河期と時期が被《かぶ》っているという意味では以上4つの事件は同時代性を持っている。

青葉のケースとしてはその後、職業安定所の仲介で常総市H町の雇用促進住宅に入居、郵便局の配達の仕事にも就くことが出来た。しかしこの30歳前後の頃から彼の精神は明らかに失調し、頻繁にトラブルを起こすようになる。雇用促進住宅は厚生労働省が管轄《かんかつ》する共同住宅で、比較的安い賃料で部屋を借りることが出来る。近年は地方自治体や民間企業への譲渡が進められており、青葉が住んでいた住宅もつくりはそのまま、現在の運営母体はアメリカの投資会社だ。周辺には有名な菓子メーカーを始め工場が点在、住民もそこで働く移民労働者に入れ替わった。外観はいかにも古びた団地といった感じでも、掲示板には「Quiet Please（静かにしてください）」「NO FIRE ON SITE / NO BARBECUES（ここではバーベキューはできません）」、ゴミ捨て場には「Do not use grocery store plastic bag（レジ袋では出せません）」などと英語の注意書きがたくさん貼られている。建物の前にはカトリック系の教会があって、英語の他、ポルトガル語やスペイン語のミサも行われている。青葉のような就職氷河期世代の非正規労働者は、移民労働者に取って代わられてしまったとも見えた。ただ、後者もまたプレカリアートだという点では問題は繋がっているのだ。

青葉は最後に住んでいたアパートと同様、ここでも部屋で大音量で音楽を鳴らし、近隣住民から度々苦情を訴えられている。3DKで4万円という家賃の支払いさえ滞っていたようだが、退去のきっかけとなったのはまたしても逮捕だった。平成24年6月、常総市の隣・坂東市《ばんどう》のコンビニエンス・ストアに包丁を持って押し入り、現金約2万円を奪った青葉は、自ら警察署に出頭して強盗及び銃刀法違反容疑で逮捕。懲役3年6ヶ月の実刑判決を受ける。雇用促進住宅の管理人は警察の立会いのもとで青葉の部屋に踏み込むが、ゴミが散乱、ノートパソコンの画面や壁が叩き壊され、床にハンマーが転がっていた光景に異様なものを感じたという。最後のアパートから持ち出された円筒形のスピーカー〝キャノン〟も先端が叩き壊したように割れていた。青葉の失調は破壊衝動として表れることも多かったのだろう。この2度目の逮捕で母・登紀子も流石《さすが》に青葉を見放し、縁を切ってしまったようだ。

青葉家が崩壊していく一方で、そこから離れた登紀子はまた別の家庭を築いた。生地の常総市ＯＳ町では両親は他界、ふたりの子供は、駆け落ちした登紀子だけでなく兄も外に出て家を継がなかったため、既に実家は廃屋になっていた。ガラス戸を覗くと玄関先にはアルバムが開いたまま置かれていて、軍服姿の人物が写っている写真が見えた。父＝海軍さんの葬式の際、登紀子は幼少期の真司を連れて地元に戻ってきたという。久し振りに会った親戚《しんせき》は「『あら、何人兄弟？』と聞いたら、『三匹！』って。あっけらかんとした感じが如何にも彼女らしかったわ」と振り返る。登紀子は正雄と別れたあとに再婚したが、最近は新しい家族と実家の裏にある小さな畑に来ては趣味で野菜を育てているようだ。

登紀子の中で正雄との不倫から始まり、息子の放火殺傷事件にまで至った青葉家の波乱は決着したのか。話が聞きたくて、彼女が新しい家庭を築いているとある住宅街を訪れた。夕方６時頃に一軒家のインターフォンを鳴らすと、夕飯の支度中だったのだろう、エプロン姿の女性が出てきた。「はい、何でしょう」。登紀子だ。青葉真司に何処か似た雰囲気を持っている。用件を告げると、彼女ははっきりとした口調で「ごめんなさい、取材はお断りしているので」と答えてまた家の中へ戻って行った。冬の住宅街は暗くなり、家々に灯《とも》る明かりがそこで営まれる暮らしがあることを示していた。

平成28年の年明け、3年数ヶ月に及ぶ刑期を終えて出所した青葉真司は、さいたま市浦和区K町にある更生保護施設〈S寮〉に入居した。それから半年間、社会復帰の準備をした上で同年7月に借りたのが、前述の京都へ向かうその日まで住んでいた同市見沼区O町のアパートというわけだ。そこで彼は隣人の証言にもあった通り、騒音トラブルなどから見て再び失調していったと考えられる。そして出所3年半後に日本犯罪史上最悪とも言われる放火殺傷事件を起こす。母親にも見放され孤立無援だった青葉と、最後に面と向かって関わったのが〈S寮〉だったということになる。

更生保護施設は保護観察所から委託される形で出所者を受け入れる民間の寮である。さいたま保護観察所を訪ねたところ、〈S寮〉を担当する保護観察官が「我々には国家公務員法による守秘義務が強く課せられていますので、青葉真司容疑者が同寮に入っていたかどうかを含め、個人のことについては何もお教え出来ません」と断った上で取材に応《こた》えてくれた。「更生保護施設は全国に103箇所あって、入所対象者は身元引受人がいない方、つまり〝帰るところがない人〟ということになります。入所にあたっては場所の希望を出せるので、やはり服役後に馴染《なじ》みのある土地に帰ってきたいというのが人間の習性でしょうし、〈S寮〉に関してももともと埼玉県にいた方が入ってくるケースが多いです」。青葉はまさに〝帰るところがない人〟だった。逮捕時の住居である雇用促進住宅からは既に契約を切られていたし、これまで見てきた通り家族は解体してしまっていた。常総市には更生保護施設はないため、同じく土地勘のあるさいたま市のそれを選んだということだろう。

更生保護施設への入所後、利用者は同施設で暮らしながら外に出て働く。滞在費は自立後に返済する決まりになっているが、実情としては再犯をしない約束で免除しているため、給与を全て自立のための貯蓄に回すことが出来る。そのような保護を受けられる期間は最長で半年。ただし、「皆さん早く自立したいと考えるので、3ヶ月で大体50万円くらい貯《た》めて出て行くのが一般的」だという。「それくらいあれば敷金礼金と最初の家賃は支払え、ある程度身の回りのものも買えますから」。一方、青葉は半年の期間満了まで入所していた。これは彼の自立準備が順調ではなかったことを意味するのか。

保護観察官は言葉を選びながら言う。「更生保護施設は入所希望者に対して充分な数が存在するとは言えません。〈S寮〉も定員は20名で、希望しても入れないことはままある。そのため入所にあたっては面接で更生の意欲、本人のやる気を見て判断します。更に入所後は、本人の今後の生活設計のあり方や、寮内生活でフラストレーシ

ヨンを溜《た》めていないかなどを確認する面談を施設職員が行う。保護観察官も定期的に出向いて、出来るだけ状況を把握しようと努めています。仮に施設側が受け入れ続けられないと判断したケースでは、刑務官が『このままだと帰るところがないぞ』と本人に指導をして考えさせますし、別の土地の施設に受け入れをお願いすることもあります」。そのように入所〜滞在の条件として社会復帰の意欲を重視する以上、青葉も当時はしっかりやり直そうと考えていたと見るべきだろう。

しかし現実に事件は起きてしまった。また、前述したように彼は明らかに失調していた。近年、青葉は無職で生活保護を受けていたという話もある。気になるのは退所時、青葉が社会復帰をする準備は本当に整っていたかどうかだ。もしくは退所後も更生保護施設利用者へのサポートは行われるのか。「何をもって自立と看做《みな》すかについては、観念的な話にならざるを得ないことは事実です。彼らが施設を出て自分で拠点を築き、生活の形が出来るまでは保護するというルールでやっていますが、そのあとのフォローアップについても課題はあります。例えば高齢の方には老人ホームを紹介するという支援を行うこともありますし、障害を持った方には障害者福祉につなげるようなサポートをします。ただ、我々は司法の一翼を担《にな》う機関で、受刑者という存在は刑務所に入るという人権制約を受けている。それが満期で終わったあと、更に本人が〝保護してください〟という意思がはっきりある場合にのみ更生保護法人での保護が成り立ちますので、こちらで出来る宿泊所の供与を終えたら、そこで終わりということになってしまいます」。

〈S寮〉はさいたま保護観察所の裏手にある留置場の横にひっそりと建っていた。施設長はやはり「私の口からは何も言えないんです」と何度も繰り返しながら丁寧に対応してくれた。「基本的にはここを基盤として仕事に就いてもらって、お金を貯めて部屋を借りて出るという流れでやっていますが、今は俗に言う〝生きづらさを抱えた人〟が多くなっているものですから、退所後の生活に関して福祉とのやり取りが多くなっていることも確かです」。青葉は保護観察官が更生保護施設の入所者の対象として挙げた〝帰るところがない人〟であると共に、〝生きづらさを抱えた人〟だっただろう。確かに現状では青葉のような人々を救う取り組みは充分ではないが、それを糾弾する声は最後の砦《とりで》さえも壊してしまいかねない。「こういう施設は地域からすれば〝迷惑施設〟ですよね。怖いとか危なそうとか言われたりもする。だから運営するのも大変です。必要性は多分にありますけれども、なかなか地域住民のご理解を得られない。それもあってここは住宅地から少し離れているでしょう。公の建物が並んでいる横で、住民の目に届きづらい場所にある。平たく言えば隔離された場所です。ここを出たひとが大きな事件を起こして、もしこの場所の責任だということになったら、閉鎖になってしまうかもしれません」。

青葉真司が転々とした北関東の各所を巡りながら連想したのは、永山則夫《のりお》のことだった。昭和24年に北海道網走市で生まれ、4歳で青森県北津軽郡に移住した永山もまた北日本の風景の中に閉じ込められていた。そしてその中で虐待《ぎゃくたい》と言っても過言ではない扱いを受けて育った彼は、やがて家出や不良行為を繰り返した末に、昭和40年、集団就職で上京。それは「N・N（引用者注：永山則夫）にとって、その存在を賭《か》けた解放の投企であった」と、社会学者・見田宗介《むねすけ》は「まなざしの地獄」（初出「展望」、昭和48年）で書く。しかし実際の東京は解放感を与えてくれるような場所ではなく、むしろ彼を地方出身者として、貧困者として見る〝まなざし〟によってがんじがらめにする。

永山は更にそれを振り切るように香港へと密航を企てるも失敗、嘘《うそ》で身を固めて各地を転々としながら、結局、横須賀の米軍基地で盗んだピストルで、昭和43年から44年にかけて連続射殺事件を起こす。そもそも見田が「N・Nのかくも憎悪した家郷とは、共同体としての家郷の原像ではなく、じつはそれ自体、近代資本制の原理によって風化され解体させられた家郷である」「いわば〈都会〉の遠隔作用によって破壊された共同体としての家郷」と分析するように、既に日本全体が東京の劣化コピーのようになっており、逃げ場などなかったのだ。そんな永山が見ていただろう風景を辿りながらカメラに収めていったのが足立正生《あだちまさお》の映画『去年の秋 四つの都市で同じ拳銃を使った四つの殺人事件があった 今年の春 十九歳の少年が逮捕された 彼は連続射殺魔とよばれた（略称・連続射殺魔）』（昭和44年制作、昭和50年公開）であり、スタッフとして関わった映画批評家の松田政男《まさお》を中心に展開されたのがいわゆる「風景論」である。松田は「ひとえに、風景こそが、まずもって私たちに敵対してくる〈権力〉そのものとして意識された」「おそらく、永山則夫は、風景を切り裂くために、弾丸を発射したに違いない」（初出「朝日ジャーナル」、昭和44年）と書いた。

　永山は収監後、文学や哲学、経済学の本を貪《むさぼ》り読み、文章を書き始める。それは言わば上京によってなすことが出来なかった生き直しへの再挑戦だった。彼はそういった試みが許される環境に満ち足りたものを感じる。「こんな呑気《のんき》に文章を綴っている状態を幸福というのではないだろうか？　安ぽいかも知れん、でも、今までを振返ってこのような境遇には出会ったことはないし、充分に考えられる時間はなかったから、私には幸福といえる。今は誰からも意識されていなく、誰へも激情を傾注させていない――それだから、私なりの幸福感を満喫している。ここには、何の葛藤《かっとう》も紛糾もありはしない。このような状態で逝けるのなら……人生ってなんて素晴らしく意義あるものなのだろうと思うな。人間という物は、考えられる時間が有るのなら、……幸福だというべきではないだろうか。そうなんだ！　私は今仕合せなんだ！」（＊11）。永山は4人の人間を殺すことで収監、自分を縛ってきた〝まなざし〟から解放され、逆説的な自由を手に入れたのだ。

　また、独房での読書と執筆を通して改めて自身を見つめた彼は、事件について以下のように評している。「私には目的がなかった――と世間ではいっている。果してそうであるのか？　私から観《み》ればあったのである。……あなた達（引用者注：家族）へのしかえしのために、私は青春を賭けた。それは世間全般への報復としてでもある。そしてそれが成功した」（＊12）。つまり彼は自分が犯した罪を、個人的＝社会的なメッセージを持つテロリズムだと認識するに至った。しかし見田はその被害者が永山と同じ一般の労働者だったことを指摘する。「N・Nの弾道がまさにその至近距離の対象に命中した瞬間、N・Nの弾道はじつは永久にその対象を外れてしまった。ここに体制のおそるべき陥穽《かんせい》はあった。そうしてのちに、行為のあとでそのことを知ったN・Nの痛恨はあった」。永山は書く。「私という人間が恐《こわ》い、そう思えてならない。

ある一つの物に燃え狂い、自制が効かないのです」（＊13）。平成9年、永山則夫は絞首刑《こうしゅけい》に処された。

永山がその少年時代より、自身を閉じ込めていた〝風景〟を突破しようと試み続けたのに対して、青葉は同じ〝風景〟に留まりもがき続けていた。それは集団就職の時代と就職氷河期の時代の違いでもあるだろうし、青葉は飛躍するよりも何とか真っ当な道に進もうとしていたということでもあるだろう。そして家族が崩壊し自身も失調していく中で、青葉を包摂したのは雇用促進住宅や刑務所、更生保護施設、生活保護といった日本の法制度だった。罪のない4人を射殺した永山が収監され自由を感じたように、理不尽極まりない理由で69人を殺傷した青葉は、国か自治体が負担する1000万円超の費用をかけて最先端の治療を受け、「人からこんなに優しくしてもらったことは今までになかった」と感謝の言葉を漏らした。故郷の人々を含め、国民の多くが助ける必要はないと言うが、彼はこれから手厚い精神鑑定と裁判を受け、そして恐らく処刑されるだろう。今、青葉は国家に抱きしめられ、温かさの中で微睡《まどろ》んでいる。

あるいは青葉の半生を辿りながら考えたのは、「芸術／文化はひとを救うのか」ということだった。自分はこれまでライターとして、鬱屈《うっくつ》して生きてきた若者たちが芸術／文化に救われる様子をたくさん見た。例えば第1章で書いたように、拙著『ルポ川崎』で取り上げたBAD HOPという川崎区で平成7年に生まれた幼馴染が中心のラップ・グループは、第1章で書いたような同地区の不良少年が陥りがちな閉塞感《へいそくかん》から、音楽の力によって抜け出した。平成30年には武道館公演を成功させ、今や日本を代表するアーティスト集団になっている（令和6年2月、東京ドーム公演にて解散）。しかしそれは彼らに才能があったから出来たことだろう。中一男子生徒殺害事件の犯人グループはBAD HOPの後輩にあたる少年たちだったが、やはり第1章で書いた通り、地元の不良の強固な上下関係から弾《はじ》かれたため小さな上下関係をつくり、こじらせ、仲間内でリンチに至った。彼らは日々、ゲーム・センターで時間を潰《つぶ》したり賽《さい》銭《せん》泥棒のようなちんけな犯罪を繰り返していたようで（＊14）、その鬱憤を昇華させる回路を持っていなかった。永山則夫が文学を通して自身の犯罪を顧み、賞賛さえ得たのも彼に才能があったからだ。

一方、岩崎隆一の人生が最も輝いていたのは麻雀《マージャン》に打ち込んだ時期だったように思う。その後、彼は芸術／文化というものがほとんど感じられない6畳一間に20年に亘って引きこもり、遂には殺傷事件を起こす。熊澤英一郎の場合は、彼を失調させ、面倒を見ていた父親を疲弊させ家庭内殺人に至らせたのは、晩年の時間を費やしたオンラインゲーム『ドラゴンクエストX《テン》』におけるトラブルだった。青葉の犯行のトリガーとなったのも小説の執筆だ。芸術／文化が必ずしもひとを救うわけではないことは当然としても、それは時にひとを狂わせもする。果たして青葉は芸術／文化にのめり込まない方が幸せだったのだろうか。

嘉祥《かしょう》2年、歌人としても知られる公卿《くぎょう》・小野篁《たかむら》は熱病を患《わずら》い朦朧《もうろう》とした意識の中で、地獄に落ちた人々が苦しむ様子を見たという。するとそこにひとりの僧が現れ、自分は地蔵菩薩《ぼさつ》だと名乗り、語った。「私はこの地獄だけでなく、餓鬼、畜生、修羅、人間、天上など六道の迷いの世界を巡りながら縁のある人々を救っている。全ての人々を救いたいが、縁のない人を救うことはできない。私にとっても残念なことだ。貴方《あなた》にはこの地獄の苦しい有様と地蔵菩薩のことを人々に知らしめて欲しい」。夢から覚めた小野篁は木幡山《こはたやま》から1本の桜の木を切り出して6体の地蔵を刻み、この地に納めた。それよりここは六地蔵と呼ばれる――。

京都市伏見区桃山町に建つ大善寺には、そういった言い伝えが書かれた碑が建てられている。その前を通る府道は、京や奈良へ向かう交通の分岐点として古来より旅人が行き来してきた。しかし現在はロードサイド店舗が立ち並び、風情《ふぜい》はない。そして令和元年7月18日午前10時、青葉真司は同碑から500メートルほど離れた府道沿いのスタンドで40リットルのガソリンを購入している。古都とは言え、六地蔵周辺まで来ると風景は青葉が暮らしてきた北関東と大差ない。彼は遠いこの土地に来ても、自らを閉じ込めていたものから逃れられなかったのかもしれない。青葉はガソリンで満たされたふたつの携行缶を乗せた台車を押し、くたびれた風景の中を進んでいった。

令和元年7月15日、青葉真司は新幹線から京都駅に降り立った。彼はすぐに宇治市木幡の京都アニメーション本社と、そこからJR及び京阪電気鉄道でひと駅の距離にある第1スタジオに向かったようで、複数の防犯カメラに、眼鏡をかけ、赤いTシャツとジーンズで黒いリュックサックを背負った大柄な男が捉えられている。この格好は事件まで変わることはなく、自宅にスマートフォンを置いてきた青葉は、着替えさえ持たず飛び出してきたようだ。彼の姿が確認された一帯は京都アニメーションの近作『響け！　ユーフォニアム』（平成27年～）の舞台のモデルとなっており、それらのスポットを回るいわゆる聖地巡礼をしていたのではないかという見方もあったが、ファンが一般的に辿るルートからは外れていると疑問を呈する声も上がった。そもそも京都アニメーション関連施設の周辺を歩いていれば自然と〝聖地〟を巡ることになってしまう。

アニメーション研究家の津堅信之《つがたのぶゆき》は京都アニメーションの作品の特徴として挙げられる〝日常系〟という方向性を、ドイツの劇作家＝ベルトルト・ブレヒトが提唱した〝異化効果〟や日本のアニメーションの第一人者だった高畑勲《いさお》が使う〝再印象〟という言葉と比較しながら、ごく普通の日常を繊細に描くことでその特別さを認識させるものだと分析する（＊15）。〝聖地〟化も同じ力学だろう。そしてそれは氷山が銃弾を放った、均質化された日本の風景に想像力で抗《あらが》う芸術運動だったとも言える。例えば前述の『響け！ ユーフォニアム』では大化2年にかけられ、日本三古橋に数えられる宇治橋のような名所も登場するが、六地蔵駅前の何の変哲もない横断歩道も美しく描かれる。京都アニメーションの美学を通せば、青葉の住んでいた北関東の風景も輝いて見えたはずだ。しかし彼はその魔法を生み出す場所を破壊するためにガソリンに火をつけた。

15日の夜、青葉は京都市内のホテルに泊まり、16日は京都駅前のインターネットカフェに2時間ほど滞在。そしてまた京都アニメーション関連施設を偵察し、夜はやはり同じホテルに宿泊。17日の午前中には宇治市内のホームセンターで台車や携行缶、バケツなどを購入。そういった京都での行動を追うと衝動的というよりは淡々と、入念に犯行の準備をしていたようにも感じられる。その日の夕方、青葉がやってきたのは京都市伏見区桃山町の桃山舟泊《ふなどまり》公園だ。そこへ向かって京阪・六地蔵駅から線路沿いに歩いていく途中、土地が低くなっている右手の方向に京都アニメーションの第1スタジオが見える。横にはモデルハウスがあって、光り輝く未来を提示している。夜の公園からは、暗闇《くらやみ》の中にぼうっと浮かび上がる件のガソリンスタンドが見える。青葉が選んだ未来はそっちだった。事件前夜、青葉は公園の端にぽつんと置かれているベンチで寝た。彼はどんな夢を見たのだろうか。

＊1　「朝日新聞 DIGITAL」令和元年8月8日付より
＊2　「新潮」（新潮社）令和2年2月号掲載、津田大介「次にバトンを渡すために」より
＊3　津堅信之『京アニ事件』（平凡社、令和2年）参照
＊4　第2回（平成23年）の奨励賞を受賞したおおじこうじ『ハイ☆スピード！』（アニメ化にあたって『Free!』と改題）、第5回（平成26年）の大賞を受賞した暁佳奈『ヴァイオレット・エヴァーガーデン』など。
＊5　青葉が〈京都アニメーション大賞〉に投稿していた作品はいわゆる学園ものだったという。また、「京都新聞」令和2年12月27日付によると、青葉は〝パクられた〟のは京都アニメーションの作品『ツルネ―風舞高校弓道部―』で「主人公たちが安売りの肉を買うシーン」だと捜査員に語った。「青葉が言及したとされる場面は、第5話に登場するわずか2分半ほどのシーン。スーパーマーケットを訪れた主人公たちが、値引きされた食材を選びながら他愛もない会話を交わすという、ごくありふれた描写だ」。当然、これは青葉の被害妄想だろう。
＊6　治療に関しては「週刊現代」（講談社）令和元年12月21日号参照

＊7　第1章で引用した小熊英二・編『平成史』総説参照

＊8　北関東の定義は様々だが、ここでは東京より北の埼玉県、茨城県、群馬県、栃木県を指している。

＊9　以下の青葉真司の異母姉妹《きょうだい》に関するパートは単行本版から差し替えている。単行本版では寺を訪れた後で自死した人物を青葉真司の妹だと表記していたが、令和5年9月の京都アニメーション放火殺傷事件・第2回公判では、青葉の〝妹〟の供述調書が読み上げられており、誤りだったと判明したからだ。ここに訂正、お詫び申し上げます。充分でない取材をもとにひとの生死に関して適当な描写をしてしまった反省を踏まえて、同年11月に改めて取材を行った。それによると、この文庫版で新たに書いたように寺を訪れた後で自死した人物は青葉の異母姉妹とみられる。ただ再取材でも、証言者たちは当該女性をあくまでも「青葉真司の〝妹〟」と表現した。理由は何度聞いてもはっきりとはしなかったし、そのことが単行本版での誤記につながったわけだが、（単行本版／文庫版、両者の）文中にある正雄と信子が暮らしていた土地＝S町の住民による証言「ただ、駆け落ちした後もここの家にちょこちょこと帰ってきていたんです。6人兄妹の最後の女の子はその頃に出来た子だって言うんだからねぇ」という証言と関わっているように思われる。つまり、当該女性は青葉真司の異母姉〝妹〟だった可能性もある。また、信子（とその子供たち）は正雄と別れた後も青葉姓を名乗っていたようだ。

＊10　東浩紀、平成20年の発言参照

＊11　永山則夫『無知の涙』（合同出版、昭和46年）。ここでは見田宗介「まなざしの地獄」の概要を紹介する趣旨もあって、同論考より孫引き。

＊12　同右

＊13　同右

＊14　石井光太『43回の殺意　川崎中1男子生徒殺害事件の深層』（双葉社、平成29年）参照

＊15　津堅信之『京アニ事件』参照

第4章　元農林水産省事務次官長男殺害事件裁判

令和元年12月11日午前10時、東京地方裁判所で元農林水産省事務次官・熊澤英昭《くまざわひであき》の裁判が始まった。４２６号法廷に現れた小柄な被告には、しかし目を引く存在感があった。彼は他でもないこの日の主役で、手錠と腰縄を付けて刑務官に連れてこられた姿に傍聴席の視線が注がれたのは当然だろう。また、「やつれた様子」だったと報道された通り、76歳という年齢よりも老《ふ》け込んで見えたものの、エリート特有のある種のオーラが残っているようにも思えたのだ。英昭の容疑は半年前の令和元年6月1日、東京都練馬区早宮の自宅で同居していた44歳の息子・英一郎の首などを包丁で数十回刺し、失血死に至らせたこと。検察官が起訴状を読み上げると、彼は「間違いないです」とはっきりした口調でその内容を認めた。

開廷の30分前、裁判所の前では数少ない傍聴券を求める人々が、当選番号が貼《は》られた掲示板に群がっていた。その中にビジネス・スーツ姿の一団があって、ひとりの若い男性が当選した抽選券を中年の男性に手渡す様子に目が留まった。農林水産省関係者だ。英昭は古巣において慕われ続けていた。平成13年に事務次官就任後、BSE問題の責任を取る形でわずか1年で退官したものの、その後も農林水産省所管の農協共済総合研究所（現・JA共済総合研究所）の理事長を務めるなど、いわゆる農林畑で活躍してきた。事件にあたっても農林水産省OBが中心となって支援会をつくり、1600通以上の嘆願書を取りまとめた。法廷にずらりと並んだ弁護団の中心となったのも、英昭の同期の元官僚だ。

世間も英昭に同情的だった。英一郎が中学生の頃から母親に対して暴力を振るっていたこと。近年は親の脛《すね》をかじり、オンラインゲームに明け暮れていたこと。更に事件当日は隣接する小学校の運動会の音に腹を立てて「うるせえな、ぶっ殺すぞ」などと悪態をついていたことなどが報道されたためだ。英昭はその4日前に川崎市多摩区登戸新町で起きた、引きこもりの状態にあった51歳の岩崎隆一がスクールバスを待つ児童と保護者の列に包丁を持って襲いかかった事件を連想し、二の舞になってはいけないと考えたと。結果、英一郎が遺《のこ》したTwitterアカウントの投稿には、被害者にもかかわらず大量の罵詈《ばり》雑言《ぞうごん》のリプライがぶつけられた。英昭は7040／8050

問題に象徴される高齢化社会の子育ての問題において、自ら難しい決断を下したダークヒーローとして扱われたのだ。

以下、弁護側の冒頭陳述をまとめる。事件発生当時の報道と取材をもとにした第2章と重複する部分も矛盾する部分もあるが、初めて明らかになった事実も多い。まず、熊澤家の家族構成は英昭、妻の富子（仮名）、昭和50年生まれの長男・英一郎、昭和59年生まれの長女・珠子（仮名）で、英一郎が大学入学を機に外に出るまでは4人で暮らしていたという。その核家族の中で、英一郎は中学生の頃から暴力を振るうようになった。心療内科にかかったところ統合失調症と診断されたが、平成27年にはアスペルガー症候群と診断結果が変わる（＊1）。暴力の標的となった富子の代わりに英昭は英一郎を支え、息子も父親のことは尊敬していたようだ。

しかし令和元年5月25日、英一郎が練馬区早宮の実家へと戻ったことで父子の関係が一変する。英一郎が抱えていた問題のひとつが、アスペルガー症候群の典型例であるところのゴミの片付けが出来ないことだった。そのため帰宅の翌日、英昭がゴミの話題を出したところ、英一郎が激昂《げっこう》して襲いかかったのだ。英昭は酷《ひど》い怪我《けが》を負い、殺されるのではないかと恐怖を感じたという。

そして英一郎の帰宅からちょうど1週間後の6月1日。前述した通り熊澤家に隣接する練馬区立早宮小学校では朝から運動会が行われており、英一郎はその音に苛立《いらだ》っていた。彼は英昭にも恐ろしい形相で「殺すぞ」と言った。暴力に怯《おび》えていた英昭は自己防衛的に犯行に及び、自首したというのが弁護側の主張だ。「被告は被害者を大事に思ってきましたが、殺されると感じ、咄嗟《とっさ》にやむを得ず刺し殺してしまった。被告は罪を認めています。その上で、どんな刑を科すのか判断してもらいたい」。そのように情状酌量を求めた（＊2）。

一方、検察側の状況説明によると、英昭は英一郎から暴行を受けた4日後で殺害の2日前にあたる5月30日午後7時半頃、自宅のパソコンを使って、インターネットの検索エンジンで「殺人罪　量刑　相場」「殺人罪　執行猶予《ゆうよ》」などといった単語の組み合わせを調べている。また、犯行前に妻に渡した手紙には「今まで尽くしてくれてありがとう。これしか他に方法がないと思います。死に場所を探します。見つかったら散骨してください。英一郎も散骨してください」などと殺害を示唆《しさ》する文章が書かれていた。つまり検察側は、殺人は衝動的ではなく計画的だったのではないかと見る。

公判1日目には英昭の妻の富子が証人として召喚され、傍聴席との間に置かれた衝《つい》立《たて》の向こうで熊澤家が袋小路《ふくろこうじ》へとはまり込んでいった歩みについて語った。「（事件後の）7月ぐらいまでは人間としての感覚が全くなくなっていました。8月にやっと『息子は死んだんだ』と涙が出てきた」という彼女は、「英一郎は小学生までは可愛《かわい》い子供でした」と振り返る。「ただ、小学校に入ると日に日に先生から〝落ち着きがない〟とか〝友人関係が上手《うま》くいっていない〟とか注意を受けるようになりました」。それでも英一郎は中高一貫の進学校として知られる駒場東邦《こまばとうほう》に合格する。富子の熱心な教育によるものだと話す者が多いが、英一郎はクラスの中でますます疎外《そがい》されていった。

「英一郎には空気が読めないところがあって、学校でいじめられては家に帰ると私にあたりました。中学2年生の頃からドアを叩《たた》いたり、私を殴るようになり、暴力は大学に入ってひとり暮らしをするまで続きました」。その時、英一郎の苛立ちは主に母の富子に向けられた。彼女は勤務中の夫に度々電話をして助けを求め、英昭も英一郎に対して再三注意をしたが、暴力はエスカレートしていった。「顔に痣《あざ》ができ、鎖骨にヒビが入りました。尖《とが》った鉛筆を思いきり手の平に刺され、今でも折れた芯《しん》が身体《からだ》に残ったままです。火のついたライターや包丁を喉元《のどもと》に突き付けられたこともあります」。

夫婦は英昭の義弟で千葉県袖ケ浦市の〈S病院〉の院長だった精神科医・矢田洋三《ようぞう》に家庭内暴力について相談したところ、英一郎は統合失調症だと診断される。「私も毎日のように暴力を受けて精神的におかしくなり、矢田先生のところで薬をもらうようになりました」。富子は息子の暴力から逃れるため、珠子と共に英昭の実家に身を寄せたこともあったが、平成5年、英一郎が日本大学理工学部・土木工学科に進学。早宮の家を出て千葉県松戸市のアパートでひとり暮らしを始めたため、とりあえず問題は解決したかのように思えた。

その後も英一郎の〈S病院〉での治療は続き、平成27年には矢田から主治医を引き継いだ現院長の精神科医・菊池周一によって、アスペルガー症候群という新たな診断がくだされる。「空気が読めず、掃除をせず、凶暴性があるというところが特徴だと言われました」。この発言には富子による偏見が多分に含まれ、アスペルガー症候群に対する誤解を招きかねないが、彼女と英一郎の間にある壁のようなものが表れてもいる。菊池自身の診断については後述する証言を参照して欲しい。

平成28年から英一郎は豊島区目白の一軒家に住むようになった。富子が亡くなった父から相続した土地に、駐車場と共に建てたものだったが、彼女は息子のもとを訪れたことはないという。「英一郎は働かず、日がな一日、ゲーム漬けだったようです。

生活費はこちらから送金。食費は領収書をとっておかせて、英昭さんに現金で渡してもらっていました」。苦手な掃除に関しても面倒を見たのは英昭だった。「コンビニ弁当のゴミを部屋中に放っていたのを、英昭さんがまとめて捨てていました。それが、(平成31年)4月頃から英昭さんが家に行っても〝帰れ帰れ〟と追い払うようになった」。しかし改元後の5月25日、英一郎は突然実家へ戻ってくる。「肌着を裏返しに着ていて襟元が汚れ、髭《ひげ》がぼうぼうでした。爪《つめ》も伸びていて、東京中を探してもあんな浮浪者はいません。恐らく目白の家がゴミでいっぱいになって、早宮の家に来れば何とかなると考えたんだと思う」。

翌日、家庭内暴力が再開する。ただし標的は英昭に変わった。「その日、私がリビングにいると、英一郎がダイニング・テーブルに突っ伏して『お父さんはいいよね、東大を出て何でも自由になって。僕の44年の人生は何だったんだ』と言って泣き始めたんです。そこに英昭さんが入ってきてゴミの話題を出した。『目白の家にゴミが溜《た》まっているから掃除しないとな』ぐらいの軽い調子でした。それなのに、英一郎がいきなり摑《つか》みかかったんです」。英一郎は「殺してやる!」と叫びながら、激しい暴力を振るった。「(英昭が)脳内出血で死んじゃうんじゃないかと思った」。その場は英昭が土下座をすることで何とか収まったが、恐れおののいた夫婦は以降、2階の寝室にもって過ごすようになる。それは息子の暴力からの避難であり、高齢の夫婦による奇妙なランデブーだった。

まずは富子が英昭に秘密を告白する。「英昭さんに『クローゼットを開けて』と言って、しまっていたヘリウムガスを見せました。私は息子があんなんで、娘が可愛くて仕方がなかったんです。でも変な兄がいるということで、縁談が駄目になり自殺してしまった。あまりにも悲しくて自分もヘリウムガスを使って死のうとしたんだけど、難しくて出来なくて。以来、ずっとしまっていたんです」。以上の証言で熊澤家の長女が自死していたことが判明した。また富子はその責任は英一郎にあると考えていた。

26日の英一郎から英昭に対する暴力に関しては、側《はた》からすればかかりつけの〈S病院〉に連絡するべきだったのではないかと考えられるわけだが、富子がそうしなかったのは、その前年、同病院に迷惑をかけたという気後れがあったからだ。「平成30年の10月に、英一郎が〈S病院〉に勝手に入院をした際、看護師の首を絞めたことがありました。だからもう一度入院させてほしいとはお願いできなかった。親戚《しんせき》のところでさえそんな感じでしたから、ましてや余所《よそ》（の病院に入院させる）なんてとんでもないと思いました」。警察にしても「対応してくれると思わなかった。そこまで気が回らない精神状態だった」という。

富子の寝室での告白に話を戻すと、彼女が自殺を考えていたことを知った英昭は手紙を渡す。検察側が計画的殺人を裏付けるものとして挙げた、「今まで尽くしてくれてありがとう。これしか他に方法がないと思います。死に場所を探します。見つかったら散骨してください。英一郎も散骨してください」という文章が書かれたものだ。しかし彼女はそこには着目しない。「手紙には私への感謝の気持ちが書いてありました。結婚してからそんなふうに言われたことがなかったので嬉《うれ》しかった。その他の内容に関しては真に受けなかったです。本当なら私はひとりになってしまう。絶対に嫌だし、信じていたら『止《や》めて』と言ったはずです」。富子は英昭からの手紙を殺害予告ではなく、ラブレターとして受け止めたのだ。更に「私たちが死んだ後も英一郎が困らないよう、財産が全部行くよう、会計事務所で手続きをするために書類を集めているところでした」と言って、あくまでも殺害は念頭になかったことを強調した。一方で、夫婦間では「(英一郎が)あれだけ『殺す』と言ってきて、『こっちが何かしても正当防衛よね』と話をしていた」という。

6月1日午後3時半頃に起きた犯行は、富子の証言では以下のように描写される。「その時、(階下から)ドンドンと木の板を叩く音がしました。何の音だろうと階段を下りていくと、和室から英昭さんが出てきた。シャツやステテコが真っ赤に染まっていて、事態を察しました」。英一郎の姿を見ようとも、救急車を呼ぼうとも考えなかった。「もう生きていないと思いましたから。ああ、本当に殺したんだと。私はマスコミがくるのが嫌なので、荷物をまとめてタクシーを呼び、池袋のホテルに避難しました」。彼女は証言の最後に、殺された息子と殺した夫に対してメッセージを送った。「英一郎にはアスペルガーではなく、普通の子に産んであげなかったことを申し訳なく思っています。英昭さんは英一郎のために一生懸命やってくれた。だから刑を軽くして下さい。お願いします」。

*

裁判2日目の午後は英昭が証言台に立ち、被告人質問を受けた。まずは弁護側から、彼がどのように息子をサポートしてきたのか、時系列に沿って訊《き》いていく。英一郎は平成5年に高校を卒業。大学へ進学するにあたってひとり暮らしを始めたが、英昭はそのアパートへ月に1度のペースで通ったという。「薬を届けに行っていました。その際に生活状況や精神状態を確かめ、部屋のゴミの片付けをして、ファミレスで一緒に食事を取るというのが慣例でした」。〈S病院〉には患者であるはずの英一郎本人は通わず、代わりに英昭が薬を受け取りに行ったり、病状を報告しに行っていたのだ。

独り立ちを目指した英一郎だが、進路は安定しなかった。大学もすぐに休学してしまう。「製図の授業が苦手で、拒否感を持ったようです。その後、もともと好きだったアニメ関係の仕事に就きたいということで、〈代々木アニメーション学院〉のアニメーター科に入学しました」。ここは卒業するものの、就職には至らない。「複数のプロダクション（アニメ制作会社）を受けましたが、採用してもらえませんでした。それで日大理工学部に復学したもののやはり製図の授業が嫌だと……」。結局、同大学を退学し、続いて流通経済大学の2年生に編入。大学院まで進み、平成13年3月に修士課程を終える見込みが立ったため再び就職活動に取り組むが、時代はいわゆる就職氷河期でもあった。「また幾つかのプロダクションを受けましたが、全《すべ》て不合格でした。（流通経済大学の）教授に就職の相談をしても良い返事はもらえなかった。とりあえず手に職をつけた方がいいだろうということで平成16年に〈（日本）パン技術研究所〉へ入ります」。同研究所はパン作りを学ぶ職業訓練校で、もともとは農林水産省の所管だった。一方、英昭は平成17年からチェコ駐箚《ちゅうさつ》特命全権大使に就任、3年間を富子とチェコで過ごすことになる。「大使就任の打診があった際、気掛かりだったのは息子が就職していないことでした。そこで〈S病院〉の院長で英一郎の主治医）矢田先生に『息子をチェコに連れていけないだろうか』と相談したところ、『今の彼の状態では難しいでしょう。私が預かるので大使をやりなさい』と言って頂き、英一郎は〈Sの家〉で働くことになりました」。

〈Sの家〉は、〈S病院〉の母体〈社会医療法人社団・S会〉が運営する就労支援施設である。従業員として主に精神障害者を受け入れているが、英一郎はそこで指導を担当する〝社会復帰指導員〟という職に就いたようだ。第2章で書いた通り、英一郎のイラストレーターとしての名義＝〝神崎ひろみ〟のホームページ〈聖殻の神殿〉の「変わった経歴」欄には、「代々木アニメーション学院アニメーター科卒業」などと並んで「元社会復帰指導員　兼　パン職人（パン製造技能士二級取得済み）」と、確かに変わった職歴の組み合わせが記載されていた。それらはなかなか学業や就職が思い通りに行かなかった英一郎のために、英昭が駆けずり回った軌跡だったのだ。英一郎は千葉県市原市でひとり暮らしをしながら、〈Sの家〉へ通うことになる。しかし彼はそのせっかく用意された場所にも馴染《なじ》むことが出来なかった。

「チェコにいる間は矢田先生と（彼の妻である）妹の美恵子（仮名）に様子を聞いていましたが、『残念ながら勤務状況は悪い』と。英一郎はブログにも〈Sの家〉の上司の悪口をかなり書き込んでおり、胸が痛みました。国際電話で『上司の言うことを聞きなさい』と忠告をしたものの態度は改善しませんでした」。この英昭の回想を聞いて、英一郎のTwitterアカウントにおける以下のような投稿の背景が分かった。「私のいたS家はまさに奴隷《どれい》労働」（平成26年12月12日）、「前に勤めてた施設に本物のキチガイ（知的障碍者《しょうがいしゃ》）がいたからなぁ。あのキチガイの所為《せい》で何枚、始末書書くはめになったか……。キチガイは牢屋《ろうや》に入れて一般社会に出すな！」（平成27年4月19日）、「私の以前の職場S家で×××って正真正銘のキチガイがいたんだよね（知的障害者なんて言ってやらん！）コイツの起こしたトラブルで私が何枚始末書を書かされた事か。キチガイは牢屋に入れて一般社会に出すんじゃねぇ！　あいつらには人権は無い！」（平成27年10月15日）、「以前の職場S家の元上司は高卒ごときのクセして大学院卒の私をすぐ馬鹿《ばか》呼ばわりするから、良く言う馬鹿って言う奴《やつ》が本当の馬鹿ってのは事実だね」（平成27年10月18日）、「そういえば以前の職場で休憩中に絵を描いてたら上司に『職場で絵を描くなんて気が狂ってる』って言われたなぁ」「そりゃ私は統合失調症のキチガイだけど、そういう人達の施設の職員がそんな発言して良いんかね？」「まぁ、サディスト過ぎるんで親族特権でクビにしてやったけど」（平成28年5月16日）。他者に対する差別的な表現は看過出来ないが、精神障害当事者である彼自身にも強いストレスがかかっていたことが伝わってくる。

そして平成20年、英昭がチェコから帰国した後で重大な問題が発生する。「その夜、

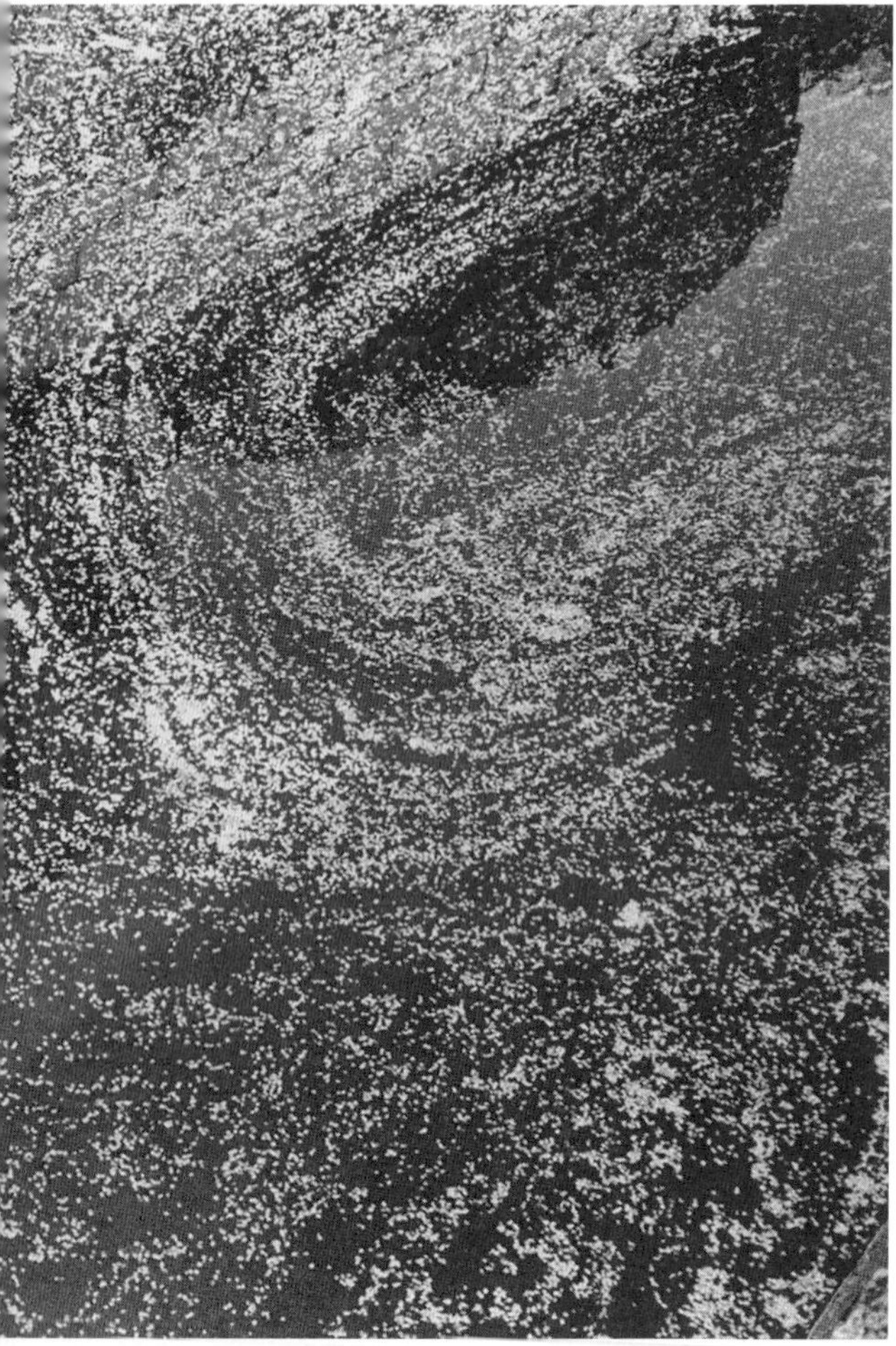

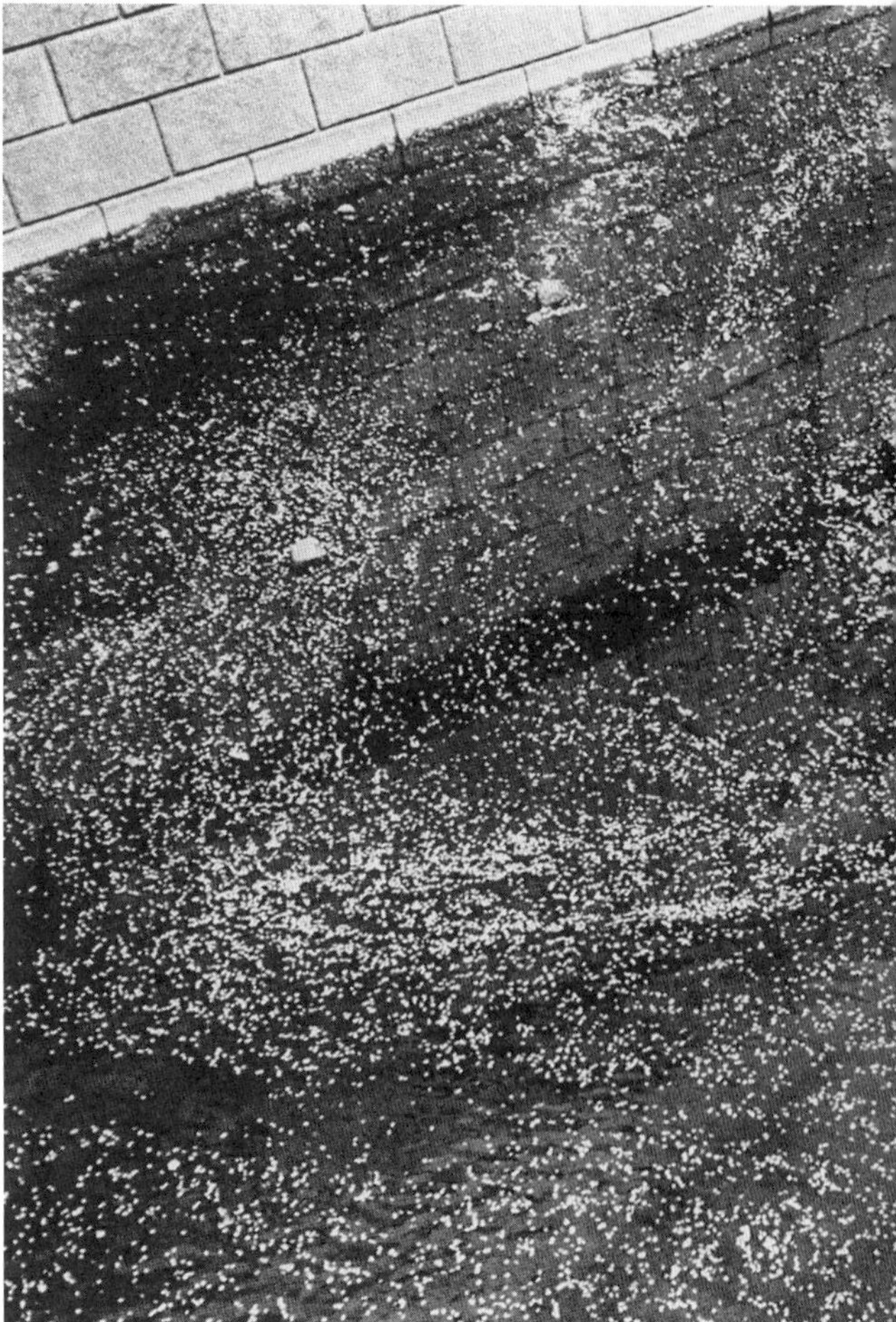

〈Sの家〉から電話がありました。『英一郎くんが明日、社会的事件を起こすかもしれない。上司を包丁で刺すと言っている』と」。英昭は英一郎のアパートへ駆けつけ、説得を試みた。「『お前は充分仕事をした。ここら辺で好きな仕事をしたらいいじゃないか。アニメ関係へ進みなさい』というようなことを時間をかけて話しました。英一郎も何とか納得をしたんですが、席を立つとカバンから包丁を出して台所へ置きに行ったんです。『本当に刺すつもりだったのか』と驚きました」。この英昭の証言は、英一郎が他害行為に至る可能性があったこと、ひいては自分の殺害に正当性があったことをほのめかすものといえるだろう。

結局〈Sの家〉を退職した英一郎は、住居を埼玉県さいたま市のアパートへと移し、再び〈代々木アニメーション学院・大宮校〉のキャラクターデザイン科へ入学。ここも卒業まで通うが、やはりアニメ制作会社には採用されない。「先生に訊いたところ、『プロになるには画力が足りない』ということでした。そこで生きがいを持った方が良いと考え、『コミケに出品したらどうか』と薦めた」。〝コミケ〟とは年に2回、東京国際展示場で行われる世界最大の同人誌販売会〈コミックマーケット〉の略称で、英一郎も自身のホームページに掲載していた作品〈聖殻の神殿〉の冊子を制作、計2回出品。英昭も売り子としてブースに並んだ。「3回目も準備していたようですが、結局は出品しませんでした。理由を訊くと『もうこれ以上、描くことがないから止めた』と。そこからはゲーム……特に『ドラゴンクエストX《テン》』中心の生活になっていきます」。

平成27年には主治医が矢田洋三から菊池周一に引き継がれ、英一郎は改めてアスペルガー症候群と診断される。英昭は統合失調症についてそうしていたように、アスペルガーについても独学で勉強したという。平成28年には、英一郎は富子が所有する豊島区目白の家へ入居する。もはや就職は難しいだろうということで、不動産管理を建前にそこで暮らしてもらうことにしたのだ（＊3）。「目白に住ませたのは、早宮からそう遠くなく、目が届くからでもあります。私は月に2回は通いました。1度は薬を届けに、1度は領収書を受け取りに。ゴミの片付けも大きな目的です」。また、英一郎の「Twitterアカウントを監視することも英昭の重要な役目だった。「（英一郎のツイートは）ゲームについての話題がほとんどですが、ひとを見下す高飛車な態度の書き込みも多かった。私もアカウントをつくって、ダイレクト・メッセージでそれを注意していました。他にも『床屋に行きなさい』ということや『ゴミを出しなさい』ということ……。もともとは近所のファミレスで食べていたのがコンビニで弁当を買うようになって、ゴミの問題には悩まされました」。英一郎は既に40歳を、英昭は70歳を越えていたが、子育てには終わりが見えなかった。

＊

先に富子が証言していた、平成30年10月に起こった英一郎による〈S病院〉への〝勝手な〟入院とは、『ドラゴンクエストX』を巡る他のユーザーとのトラブルが要因で彼が目白の自宅でパニック状態になり、緊急搬送。同病院で医療保護入院（精神障害者に対する強制入院の形態のひとつ）の措置を受けたことを指す。そして英一郎は病室で看護師に暴力を振るったという。第2章で書いた通り、彼のTwitterアカウントの投稿数が増えたのは平成30年に入ってからだ。当時のツイートの内容は攻撃的で繰り返しが多く、この時期から精神状態が悪化していったことが窺《うかが》える。ちなみに平成30年8月には投稿数が急に減っており、11月にまた増える。これも件《くだん》の入院と関係しているだろう。その後、英一郎は平成31年3月と改元を挟んだ令和元年5月24日にも別の病院へ緊急搬送。血液検査の結果は異常なし。原因はストレスだと診断された。そして英一郎は翌25日に早宮の実家へと帰る。英昭は熊澤家崩壊の過程を淡々と振り返る。

「（令和元年）5月25日の日中、私は英一郎が診断を受けた豊島区高田の〈D病院〉

へ支払いに向かいました。帰り道に携帯電話を確認すると、目白の自宅へ戻っていた英一郎からの着信が表示されていた」。21時頃に折り返すと、彼は思いを告げた。「体調が悪い。家に毒をまかれたかもしれない。実家に帰りたい」。目白の自宅に入らず、外に座っていた英一郎は近隣住民に通報されて職務質問を受けたという。電話を切った英昭は、目白へ迎えのタクシーを向かわせる。英一郎が早宮の家に到着したのは23時頃のことだ。「汚いシャツを着ていたのでまずはシャワーを浴びさせました。その間に私は昔、英一郎が着ていたシャツを探した。英一郎は風呂《ふろ》から上がるとすぐに1階の和室でゲームを始めました。それだけは持ってきていたんです」。こうして、熊澤家の地獄の1週間が始まった。

翌朝、英昭は〈Yahoo!ショッピング〉で英一郎の新しい下着を買ったという。夕方、2階からリビングに下りると、英一郎が富子と一緒にテーブルについていた。「英一郎は今後の予定らしきことについて話していました。（富子の証言にあったように）突っ伏して泣いていたわけではなく、普通だったと思う。それで私は『まずは目白の家がゴミ屋敷になっているから、ゴミを片付けなきゃ』と言った。英一郎ではなく、自分に対して言ったつもりでした」。しかし英一郎は突然立ち上がると「ゴミ捨てろゴミ捨てろばかり言いやがって！」と叫び、英昭の髪を摑んで頭をサイドテーブルに叩きつけた。「私は必死で逃げましたが玄関で捕まって、そこでも殴る蹴《け》るの暴行を受けた。更にドアやコンクリートの床に叩きつけられた」。何とかドアを開け、庭の物置小屋に逃げ込もうとしたものの追いつかれる。再び殴る蹴る、壁に叩きつけるなどの暴行が続いた。小柄な英昭に対して、英一郎は178センチ、88キロ。圧倒的な体格差である。「英一郎はずっと〝殺してやる！　殺してやる！〟と叫び続けていた。見たことのない凄《すさ》まじい形相でした。妻は『止《や》めて！　止《や》めて！』と泣いていましたが止まらない。このままでは本当に殺されると思いました」。

命からがら家の外に飛び出した英昭は最寄り駅の東京メトロ有楽町線・平和台駅に辿《たど》り着き、公衆電話から富子に電話をかけた。「妻は〝(英一郎が）土下座で命乞《いのちご》いをしたら許してやると言っている〟と。このままでは妻が危ないと思い、私は帰って命令されるままに土下座をしました。英一郎は私の頭を2度ほど蹴ると、和室でゲームを始めました」。英昭はこの日の暴行で顔に痣、頭に大きなコブができ、右太ももの内出血は3～4ヶ月の間、引かなかったという。「全身が痛くて、その夜は寝返りが打てませんでした。後頭部をコンクリートに3度ほど打ち付けられましたが、脳内出血したら死んでいたでしょう。いま思い出しても体に震えが来るほどの恐怖心が残っています」。英昭はそれまでにも Twitter のダイレクト・メッセージ機能を通して英一郎にゴミの処理について注意をしていたが、特に反論はなく、ましてや息子を怖いと思ったことなどなかった。「その後は夫婦で、２階の寝室にこもってなるべく英一郎を刺激しないように静かに過ごそうということになりました。そして落ち着いたら目白の家へ帰らせようと」。逮捕時、英昭の身体に残った痣が確認されており、実際に暴行があったことは間違いないだろう。ただし怒鳴り声や物音を耳にした近隣住民はおらず、６月１日の自首まで問題が発覚することはなかった。

また、英昭はそれだけの怪我を負ったにも拘《かかわ》らず病院へ行かなかったし、英一郎の主治医や警察に相談することもなかった。そのことについては「大事《おおごと》にすると更に暴行を受けると思った。とにかく、英一郎を目白に帰すことだけを考えていた」と説明する。確かに、英昭は英一郎の後始末に奔走していた。28日には暴行のきっかけとなった言葉の通り、ゴミ屋敷と化した目白の家を片付ける。「45リットルのゴミ袋が13袋になりました。怪我は痛かったが、早く帰って欲しい一心で掃除をした」。30日にも目白へ向かい、同宅を管理する不動産屋を訪問したのは「(英一郎が自宅の周りに放置したせいで) ゴミが散らばっていると苦情がきていたため」だという。

一方で、英昭は身体だけでなく精神も傷ついていたようで、暴行の翌日＝27日から抗不安薬・デパスを服用し始める。「やはり恐怖心が拭《ぬぐ》えず、精神安定剤が必要だと思って探したらかつて息子に処方されていたデパスをみつけた。それまで使ったことはありませんでしたが、効果が強いことは知っていたので毎日半錠ずつ飲むようにした。恐怖心は治らないものの身体の震えは止まり、日常生活を送ることが出来るようにはなりました」。そしてこのデパスについての発言に続いて、英昭は暴行後の記憶が曖昧《あいまい》であると述べていく。例えば、富子が感動した手紙についても書いた記憶がないという。「手紙の存在は取り調べの13日目に刑事さんから見せられて初めて知りました。筆跡は間違いなく自分のものです。でも、いつどのような状況で書いたかを思い出せない。読むと『英一郎を殺して、自分も自殺する』というようなことが記されていたけれど、私は〝息子を殺す〟などと思ったことは一度もない」。

5月30日に「殺人罪　量刑　相場」「殺人罪　執行猶予」と検索したことについても、「普段から使っているパソコンなので自分がやったのでしょうが、記憶から欠落しています。前々日に川崎の事件があった。その時、犯人の境遇が息子の境遇に似ていると感じたことは覚えています。そこに（平成30年10月の）〈S病院〉の看護師へ暴力を振るったことが繋《つな》がって、もし英一郎が事件を起こしたら……と不安になり検索したのではないでしょうか」と述べる。自分が計画していた殺人ではなく、あくまでも英一郎が犯すかもしれない罪が念頭にあったのだと。暴行を受けた後、英昭は2

階寝室の枕元《まくらもと》にペティ・ナイフを置いていたようだが、「それも思い出せない」。このような記憶の欠落については取り調べの過程で気付いたという。「デパスも刑事さんから自分の手帳の写真を見せられ、『デパスが写っていますが……』と言われて飲んでいたことを思い出したんです。外出先でも精神状態が保てるように、手帳にデパスを挟んで持ち歩いていました」。後述するが、弁護側はデパスの副作用に脱抑制やせん妄、健忘などがあることを挙げ、犯行時、英昭が心神喪失状態にあったと主張した。

そして6月1日午前11時半。昼食は英昭が用意することになっていたので、彼は2階から1階に降りる。和室では相変わらず英一郎が『ドラゴンクエストX』に没頭していた。隣接した小学校から運動会のBGMや声援が響いていた。「毎年のことなので私は気にしませんでしたが、ゲームをしていた息子には不快に感じられたのかもしれない。息子は『うるせえな、ぶっ殺すぞ』と言いました。その時は自分に危害が加えられるかもしれないとは考えなかった」。

15時。英昭は再び2階から1階に降りた。血糖値を測りに行ったのか、カレンダーで予定を確認しに行ったのか、用事は覚えていない。すると英一郎がリビングに立っていたので驚いた。目が合った。26日の暴行時を思い出させる形相だった。彼は今度は英昭に対して「殺すぞ」と言った。両手の拳《こぶし》を握って、肩ぐらいまで上げていた。

やや前屈《まえかが》みだった。「『本当に殺される』。そう思いました。反射的に台所の包丁を取りに行って、小走りでリビングに戻りました。その間は1、2秒だったんじゃないでしょうか。息子の体勢は変わっていませんでした」。英昭はここで逃げたとしても26日のように追いつかれるし、包丁で脅したり手などを刺すだけではやり返されると考えたという。彼はまず英一郎の胸を刺し、続いて首を刺した。その包丁は彼が農林水産省時代に治水事業を成功させた際の記念品だった。「息子は摑みかかってきました。両肩を押さえられて、そのまま和室で取っ組み合いになった。やはり体格の違い体力の違いは大きく、殴られ蹴られ、首に手をかけられました。私はこのまま抵抗していても殺されると感じ、胸と首を狙《ねら》って無我夢中で刺し続けた。かなり長い時間でした」。実際には英一郎は首の傷が致命傷となり、3分程度で失血死したようだ。「私としてはもっと長く感じた。やがて息子が仰向けに倒れましたがまだ動いていたので、胸と首を3回から4回ぐらい刺した。動かなくなったので『死んだ』と思いました」。

英昭が英一郎の遺体の足下に包丁を置くと、富子が2階から降りてきた気配があった。彼は血だらけのままでリビングに行って、妻に「和室は見るな、外へ行け」と言った。「妻は察したと思います。その後の彼女の行動については分かりません。私は体を綺麗《きれい》にしてから110番をしようと思い、シャワーで顔と手の血を洗い流して、リビングに置いてあった新しい下着やシャツに着替えた。そして携帯でまずは弁護士に、次に警察に電話をしました」。

「毎日、悔やんでいます」。弁護側の被告人質問の最後、そう言う英昭に対して弁護士は立て続けに質問をした。

「もし殺そうとした瞬間に戻れたら？」

「その瞬間に戻っても避けられないと思います。無意識だったので。ただ、何度もチャンスはあったのだと思う」

「どのようにすれば事件は避けられたのでしょうか？」

「息子にもう少し才能があれば良かった。そうすればアニメの道に進めたのに」

「息子さんの命を止めてしまったことについては？」

「取り返しのつかないことをしてしまったと思っています」

証言台の英昭は傍聴席に背を向ける形で話していたが、声から涙ぐんでいることが分かった。「その涙は？」。弁護士はすかさず彼が泣いていることを強調する。「息子が可哀想《かわいそう》だと……。本当に取り返しのつかないことをしてしまった。息子の冥福《めいふく》を祈ります」。

＊

続いて検察側からの英昭（2日目）と富子（1日目）への質問とその受け答えをまとめておく。まず、ふたりの税金の申告は別々で、英昭には年金と名誉職の報酬等を合わせて月に三十数万円の収入があった。報道で広まったエリートというイメージとは少しずれがあるが、富子は前述の父から相続した豊島区目白の他、練馬区氷川台にも土地を持っており、またふたりの貯金は2000万円から3000万円ほどで、確かに生活には困っていなかった。

英一郎のTwitterアカウントの投稿には両親の話が度々登場する。そこでは父は尊敬する——というかその権威を笠《かさ》に着るための対象として描かれる。逆に母は憎悪《ぞうお》の対象であり、家庭内暴力の要因になったのも、英一郎曰《いわ》く子供の頃、富子にプラモデルを壊された恨みだった。検察側は彼の以下のツイートを取り上げる。

「私の両親は私の教育を間違えてたな。テストで悪い点取ると玩具やプラモを壊す。これが間違い。私は玩具を壊されない為《ため》だけに勉強した。喧嘩《けんか》で両親に勝てる高1までこの恐怖は続いた。そして性格が螺旋《らせん》階段のようにねじくれ曲がった私が完成した」（平成29年2月2日）、「#子供の頃怖かったもの　成績が悪いと大切な玩具を叩き壊す愚母。エルガイムMK－Ⅱのプラモをためらいも無く壊された、あのショックは30年以上経《た》っても忘れられない……。私の性格が歪《ゆが》んだ原因の1つですよ……」

「今は、コレ（引用者注：新しいプラモデル）を買って完成させて、あのショックから、少しは立ち直ったけど、愚母のあの目は今でも怖いです」（平成30年12月12日）。

それに対する富子の言い分はこうだ。「成績に関して英一郎を怒ったことは一度もありません。ただ昔、プラモデルを壊したことは事実で、悪かったと思っています。遊びに来た友達が置いていったものだと勘違いして、捨てようと踏んづけてしまった。その子の母親と揉《も》めていたことも背景にありました。英一郎が恨んでいたことは重々承知しています。本当に悪かったと思っています」。

ちなみに彼女は「英一郎には空気が読めないところがあって、学校でいじめられては家に帰ると私にあたりました」と証言していたが、そのいじめの詳細を把握していなかった。

「いじめについては画鋲《がびょう》を置かれたとか聞きました。その程度だがいたずらをされたと」

「詳しく訊いていない？」

「特に訊きませんでした。いま振り返るといけなかったと思う」

「ツイートによると〝挨拶《あいさつ》が殴る蹴る〟だったということですが」

「知りませんでした。それ以前に家庭内暴力が始まり会話にならなかった。学校にも相談はしませんでした」

「いま振り返ると相談をした方が良かったとは？」

「そうしても、学校の校風から言っていじめは止まらなかった気がする」

「いじめが解決すれば家庭内暴力も収まるとは？」

「考えませんでした」

その後、英一郎への対処は英昭に任せるようになった富子だが、それでも自身の子供に複雑な思いを持ち続けていた。令和元年5月25日に早宮の実家に帰ってきた英一郎から「(ここに)もっといていい？」と訊かれた富子は、「とてもうれしかった」という。また翌日、ダイニング・テーブルに突っ伏し「お父さんはいいよね、東大を出て何でも自由になって。僕の44年の人生は何だったんだ」と言って泣き始めた時、「かわいそうだと思った。アスペルガーに産まなければこうはならなかった」とも。英昭に暴力を振るった要因については「英一郎が泣いていたのに、英昭さんが何も反応しなかったことに立腹したのでは」と回想する。

検察側からは英昭に対しても子育てについての質問が投げかけられた。そしてその

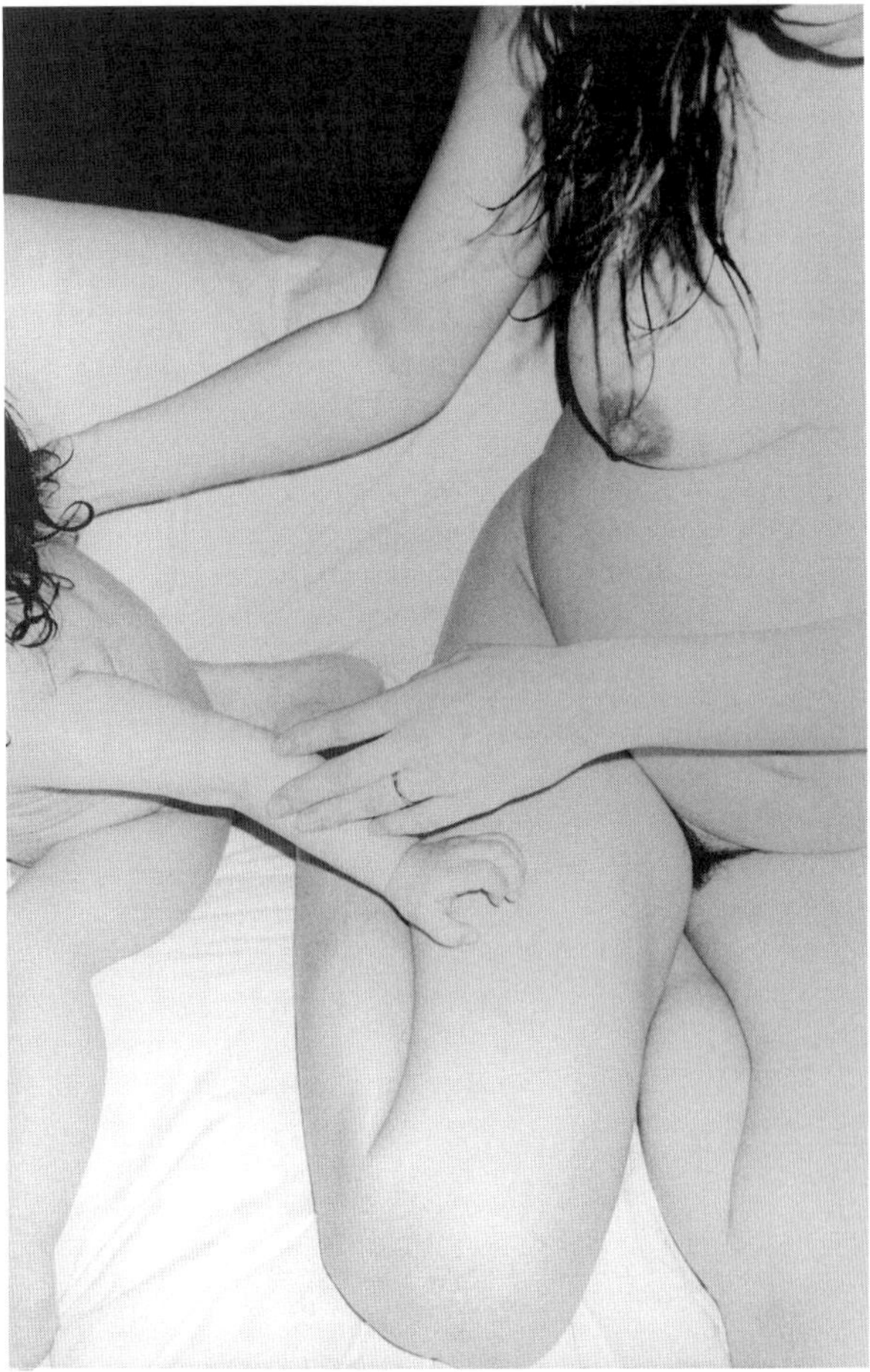

答えは所々富子と食い違う。例えば英昭によれば駒場東邦時代のいじめを学校側に相談しようと考えたのだが、英一郎本人に拒否されたのだという。並行して起こった家庭内暴力に関して行政へ相談することは、親子関係の悪化を懸念《けねん》して出来なかった。「それはメンツの問題ではないですか?」。検察側が訊くと、英昭は「答えにくい質問ですね。そうだとも、違うとも言える」と述べた。

警察が英昭と英一郎のTwitterアカウントのデータを調べたところ、平成29年11月から令和元年5月まで、英昭から英一郎へは995件、英一郎から英昭へは141件のダイレクト・メッセージが送信されていた。英昭の方が7倍以上の数になるわけだが、例えばある日のやり取りにおいて英昭は「ペットボトルを捨てるのだよ」「捨てましたか」「捨てたか」「明日はごみの日」「読んでいるのか」「返事ないと電話するぞ」と立て続けにメッセージを送り、それに対して英一郎は「捨てました」とだけ返信。他にも英昭側からは「髭はそったか」「理髪店に行きましょう」「健康的な生活を送りましょう」「75歳の父が息子のごみを片付けるのは滑稽《こっけい》だ」「ペットボトルで不動産屋から苦情がきた」「家の前に捨てるのはとんでもない」「アスペルガーの悪いところです」などと生活態度に関する注意が多く、英一郎は「少し掃除しました。空気がよくなりいい感じです」「うつだったのです」「父さん、今すぐ家に来てください」としおらしい側面も見せている。しかしこのような英昭の執拗《しつよう》な注意によるストレスが、5月26日の「ゴミ捨てろゴミ捨てろばかり言いやがって！」という英一郎の発言と暴行に繋がったのではないか。検察側がそう問い質《ただ》すと、英昭は「言い合いは度々起こっていたので、関係が特に悪化している認識はなく、ゴミにあれだけ反応するのは驚きだった」と釈明している。

法廷で明らかになったダイレクト・メッセージのやり取りからは、英一郎が『ドラゴンクエストX』を巡ってトラブルを起こし、相手を牽制《けんせい》するために農林水産省事務次官という父親の以前の肩書きをTwitterでほのめかしたことについて、英昭も相当気にしていたことが分かる。「本名を出してはだめだ」というメッセージに、英一郎が「もうばれてドラクエ10で拡散中です」と返信すると、英昭は「ドラクエ内でとめないと」「ツイッターでやると大変なことになる」「冷静に対処してください」とリアクションした他、「こっちにも迷惑かかっている」「ドラクエから手を引け」「仕事に差しさわりが出ている」「どうしてもやるなら無名で」「言葉が汚い」「反感を持たれるだけだ」「なんでいばるのか」「人間性丸出し」「ゲームより実生活が先だろ」「いつ死ぬかもしれない自分であるのだ」「もう迷惑かけないでくれ」「いい加減にしないと見限るぞ」「静かにやってくれ」などと焦《あせ》りと怒りを露《あら》わにしている。検察側からの「ダイレクト・メッセージで『仕事に差しさわりが出ている』と送っていますね。本当に支障があったんですか？」という質問には、むっとした調子で「実際はないです。ただ、2ちゃんねるに〝元・事務次官の息子、仕事をせずにゲームざんまい〟と書かれたら困りませんか？」と答えた。

検察側は5月26日に暴行を受けた後の生活や、6月1日の犯行の際のディテールについても問い質した。英昭がゴミの話題を出した後、英一郎は「ゴミ捨てろゴミ捨てろばかり言いやがって！」と激昂。他の言葉は早口でほとんど聞き取れなかったが、「オレをバカにしやがって」「オレの扱いが悪い。お前らエリートはオレをバカにしてるだろ」などとも言っていたという。

先の弁護側からの質問への答えにあった通り、英昭が暴行を受けた後、「夫婦で、2階の寝室にこもってなるべく英一郎を刺激しないように静かに過ごそうということに」なった。「そして落ち着いたら目白の家へ帰らせよう」と考え、28日には怪我を負った身体で目白の家の片付けへ、30日には同宅を管理する不動産屋へ出掛けている。しかし検察側によると他にも近所のスーパーへ買い物に行ったり、やはり近所のかかりつけの病院へ糖尿病の薬を取りに行ったり、板橋区加賀の帝京大学医学部附属病院まで白内障の検査に行ったりしている。検察側は「2階で息を潜めて暮らしていたということだったが、実際は日常生活を送っていたのではないか？」と、本当に英昭が恐怖に苛《さいな》まれ英一郎を咄嗟に殺してしまうような状態にあったのか疑問を呈する。

あるいは英昭が証言した、犯行直前の英一郎の、両手の拳を握り、肩ぐらいまで上げ、やや前屈みになっていたというポーズ。英昭が台所の包丁を手に取って返してきた際も、その体勢が変わっていなかったという時系列。その後、取っ組み合いになったと言うが、圧倒的体格差にもかかわらず、英昭には自身の包丁による小指の切り傷以外、新しい怪我がなかったという事実。それらの不自然さについても指摘がなされた。しかし英昭は「散り散りの記憶はあるけれど、こちらも必死なのではっきりとは覚えていない」と言うばかりで埒《らち》が明かない。弁護側からの質問に応《こた》える形での5月26日の暴行時や6月1日の犯行時についての描写には、生々しく情景が浮かぶような説得力があったが、検察側からディテールを突っ込まれると話は次第に曖昧になっていった。

3時間以上に亘《わた》った被告人質問の終盤、裁判員から「奥様に伝えたいことは？」と聞かれた英昭は以下のように答えた。「妻とも、息子があのような病気を持っていたことについて、かわいそうな身体で生まれてしまったという気持ちを共有していました。（英一郎は）本当にかわいそうな人生を送ってしまった。これからは妻と支え合って生きていきたい」。

＊

裁判2日目の最後に証言台に立ったのは、農林関係の調査研究活動を行う農林中金総合研究所の理事長・皆川芳嗣《よしつぐ》である。平成24年から27年にかけて農林水産省の事務次官を務めた彼は、同省では英昭の11年下の後輩にあたり、事件後、情状酌量を求める嘆願書を取りまとめる支援会の中心となって活動してきた。

「熊澤さんとは30年の付き合いになります。彼の性格は温厚、冷静。そして日本の通商問題に大変お詳しい」。英昭の印象について訊かれた皆川は言う。「直近でお会いしたのは昨年秋の会合です。その後も電話では何度か。よく私から家族の話をしていました。私には知的障害のある息子がいるのでその相談を。『大変だろうけど、奥さんと一緒に出来ることをしてあげなさい』と言って頂いた。ただ英一郎さんのお話は知りませんでした。熊澤さんからご家族のこと、英一郎さんのことを聞かされたひとは周りにはいない。この問題は自分だけで抱えるしかないと思われていたのではないでしょうか。数年前、新しいお仕事を依頼した時に『僕はいいから』とおっしゃっていた。いま思うとその背景にはご家族の問題があったのかもしれません」。

皆川は英昭が東京拘置所に入ってからも３度面会したという。「面会の話題は主に健康状態についてでした。そして熊澤さんが罪を償われ社会に戻られたら、是非また仕事に――具体的には〈日本農福連携協会〉に協力して頂けませんかと。英一郎さんには障害がありました。彼には社会の中での居場所が必要でした。だからこそ、農福連携（障害者を農業分野へ参加させる取り組み）は熊澤さんの社会復帰に見合います」。筆者も東京拘置所に足を運んだが英昭との面会は許可されなかったし、他のメディアも同様のようだ。言わば農林畑の人々がバリアーになって彼を守り、既に社会復帰のポストも用意しているのだ。

皆川は熱弁を振るった。「この事件は大変悲惨です。しかし我々が尊敬する熊澤さんがそこに至ったことには理由が、筆舌に尽くしがたい状況があったのだと本日傍聴していて分かりました。私も障害者の父親です。妻と日々、この子が社会でどう生きていくのか悩んでいます。今回の事件の背景についても人ごととは思えなかった。だからこそ、熊澤さんの社会復帰を全力で支えたい。また、同じように『熊澤さんのためになりたい』という多くの声があったので、嘆願書を先輩や同僚と取りまとめました」。

ちなみに嘆願書に関しては、検察側から「『熊澤さんは小学校の子供たちの命を守るために〜』などと、今となっては事実と異なることが分っている内容のものもある」との指摘もなされた。

時系列が前後するが、2日目の最初に証言台に立ったのは〈S病院〉の院長で、平成27年に矢田洋三から英一郎の主治医を引き継いだ菊池周一だ。これまで繰り返し書いてきた通り、前者は平成初期に英一郎を統合失調症と診断していたが、後者はアスペルガー症候群に改めた。菊池によるとそれは矢田の誤診ではなく、むしろ時代の変化の表れなのだという。「正確には矢田先生は統合失調症の〝疑い〟と診断されていましたが、精神科医がアスペルガー症候群の対処を任されるようになったのは近年ですから、当時の状況では無理がないことだと思います」。また、〈S病院〉には患者の英一郎本人ではなく英昭が通院していたのも奇妙に感じられるが、それに関しても統合失調症やアスペルガー症候群の場合、本人が足を運べず親を通して治療することはままあるのだと説明する。「英一郎さんの場合は『病院に行くとゲームが出来ない』ということで、代わりにお父さんが来ていました。矢田先生の時代も本人は通院していない。私の場合は、例えばお父さんから英一郎さんのTwitterでの振る舞いを伺って総合的に判断——具体的には投薬治療のための処方をしていました」。菊池が英一郎を直接診断したのは、平成30年10月、医療保護入院の際の一度だけで、正確にはそれによって菊池も診断を「アスペルガー症候群の〝疑い〟」から「アスペルガー症候群」へ修正したと語る。

菊池によると、英一郎に見られるアスペルガー症候群の症状としては、例えばゲーム依存のような状態になっていたことや、ゴミが片付けられず部屋に溜まっていたことが当てはまる。コミュニケーションが一方的だったこと——俗に言う空気が読めなかったこと、こだわりが強かったことなどもそうだ。「他にもアスペルガー症候群には記憶力が強い傾向もあって、中学生時代のいじめやお母さんにプラモデルを壊されたことについて度々Twitterに書いていたのは、その記憶が実際に彼を苦しめていた可能性が高いです」。そして今回の事件で重要なのは、暴力性との関係についてだ。「中学生時代から高校生時代にかけての家庭内暴力に関してはカルテに書いてあったので承知していました。アスペルガー当事者は学校生活でストレスを感じやすい。その結果、家でストレスが爆発したのではないでしょうか」。英一郎の具体的な暴力は基本的には母親・富子だけに向かっていたが、それが父親・英昭にスウィッチする前に一度、外へ向かったことがある。

繰り返しになるが、事件の前年＝平成30年10月に英一郎は〈S病院〉へ入院している。原因は『ドラゴンクエストX』を巡って他のユーザーとの間にトラブルが起こり、パニック状態になったためだ。まず別の病院に緊急搬送され、そこでは対処出来なかったため〈S病院〉へ医療保護入院することになった。英一郎は病室でも『ゲームをやりたい、家に取りに行きたい』と言い張ったが外出禁止だったため許されず、興奮して担当の看護師の襟首を摑み問題になったという。菊池の話では富子が言うように〝首を絞めた〟わけではなかったが、興奮が収まらず、結局英昭がタクシーで目白の家へゲーム機器を取りに行った。ただし翌日、英一郎は病院側に「昨日はすいません、何であんなことをしたんですかね。体の調子が悪いんですかね」と謝罪をしている。「看護師に上から目線で言われた気がしたと。被害者意識を感じ過ぎるのもアスペルガー症候群の症状です。ただしアスペルガー当事者が必ずしも無関係なひとに暴力を振るうわけではありません。暴力があった場合には、思い通りにいかない、イライラしていることの表現だと考えるべきです」。その後も英一郎は病室にオンラインゲーム用のインターネット環境がないため家に帰りたいと主張し、病院側もその時点で病状に問題はなかったので帰宅を許可した。

英一郎の治療は上手くいっていたとは言えなかった。「アスペルガーの一般的な治療としては、出来れば家族が幼少期から本人の適性を理解して進めていくことが望まれます」。しかし英一郎がアスペルガー症候群として診断されたのは40歳を迎える年だったのだ。「それでも当事者に『社会に適応したい』という強い思いがあれば効果が期待できますが、英一郎さんの場合は『昨日と同じように過ごしたい』、何よりも『ゲームをしたい』という思いが強かった」。

一方、英昭は英一郎の代わりに通院を欠かさず、彼と定期的に会い、経済的支援も行い、出来る限りのことをしていたのではないかと菊池は評価する。本人と直接話すとぶつかるので、Twitterを通して状況を確認し、アドバイスをすることを提案したのも菊池だった。「ダイレクト・メッセージのやり取りに関しては（英昭から英一郎への）一方的なコミュニケーションも読み取れ、それが英一郎さんを追い詰めた側面もあるかもしれません。アスペルガー当事者はネガティヴなことが続くと、コミュニケーションを遮断してしまう。だからメッセージを見なくなってしまったのでしょうが、全般的には英昭さんと英一郎さんの関係は良好であるように思えました」。大学入学を機にひとり暮らしをして以降の親子の距離感はちょうどよく、家賃を支払うなどの援助が出来ない家庭に比べれば負担が軽かったとも言えるという。「父と子の関係で脈々とつくりあげてきた態勢があって、その中での関係は安定していた。だから（英昭から）特に指導を求められることもありませんでした。当初はアスペルガーに

ついての知識の蓄積も少なく、支援体制も確立されていない中で試行錯誤しながらやられてきたことには本当に頭が下がります」。

加えて妻の富子も同じ〈S病院〉でうつ病と診断され、更には娘も自殺にまで至った。「英昭さんは言わば3人の面倒を見られていたわけです。精神的な問題を抱える家族の面倒を見るのは1対1でも大変。それが1対3。主治医としては燃え尽きないようにしないといけないと思っていました」。

英昭が〈S病院〉の菊池のもとを訪ねたのは令和元年5月22日が最後だという。前年＝平成30年10月の医療保護入院以降、英一郎の精神状態は不安定になったため、その対応として菊池は抗不安薬・メイラックスの処方量を減らしていた。英一郎は平成31年3月と改元を挟んだ令和元年5月24日にも別の病院へ搬送されているが、菊池はその要因をメイラックスの離脱症状と考えている。最後の搬送の翌日、英一郎は早宮の実家に戻り、理由を「自分の家の周りに毒をまかれたから」と語った。菊池はそれについて「アスペルガーの傾向として、自分が抱えている問題の原因を外部に求めるということはままある」と分析する。

最後に会話した4日後、5月26日の暴行に関して英昭からの相談はなく、事件後に菊池の知るところとなった。「実家に帰ったことで英一郎さんにはストレスもあったのだろうと思います。アスペルガー当事者は環境が変わることを苦手とします」。それにしても英一郎は英昭を尊敬していたはずだが、何故《なぜ》、突然暴力を振るったのだろうか。「もともとはお母さんに暴力が向かっていたということで、お父さんが息子さんをサポートしていました。先ほど言った通り、両者の関係は良好だったように思いますが、その精神的な距離の近さに、実家に帰って来たことによって実際の距離の近さが加わり、暴力という形で感情が表現されたのではないでしょうか」。やはり適度な距離が重要であって、共に暮らすタイミングではなかったということだろう。英昭の何気ないひと言をトリガーとして英一郎の尊敬は憎悪へと反転した。また、6月1日に英一郎が隣接する早宮小学校に対して発した、「うるせえな、ぶっ殺すぞ」という言葉は「アスペルガーには聴覚過敏の傾向があり、必要な音と必要ではない音が一緒に入ってくる。好きなゲームをしている時だったので余計に邪魔に感じたのかもしれない」と見る。〝殺す〟という言葉にしても「ゲーム上でも頻繁に使っていたようなのでどこまで本気だったかは分からないが、家族が本気で受け取った可能性はあるでしょう」と述べた。

弁護側はデパスの副作用についても質問し、菊池は「脱抑制やせん妄、健忘などの副作用を持っており、通常考えないような行動をすることも。お酒を飲んだ状態に似ている。初めて服用したひとや高齢者には副作用が強く出る可能性もある」と説明。犯行時、英昭がその副作用によって心神喪失状態にあったのではないかということをほのめかしたわけだが、それに対して検察側は、英昭が服用したデパスは菊池が処方していたわけではないので質問として相応《ふさわ》しくないと弁護側に反論した。証言の最後、菊池は事件について英昭をかばいながらまとめた。「痛ましい。私に出来ることはなかったのかと考え続けています。英昭さんも苦しかったのではないか。薬の副作用や神奈川の事件などいろいろな要素が繋がってしまい、不可抗力の部分も多い。それらに配慮をして重い刑にならないようにして欲しいと思います」。

*

「アスペルガーではなく、普通の子に産んであげなかったことを申し訳なく思っています」

「妻とも、息子があのような病気を持っていたことについて、かわいそうな身体で生まれてしまったという気持ちを共有していました。（英一郎は）本当にかわいそうな人生を送ってしまった」

富子と英昭が裁判で述べた以上のような告白に、衝撃を受けると共に既視感を覚えた。障害当事者運動における〝子殺し〟の問題を連想したのだ。同運動の草分けである脳性麻痺《まひ》当事者による団体〈全国青い芝の会〉は、昭和42年８月に東京都千代田区で起こった、父親が心身障害を持つ27歳の息子と無理心中を図るも自分だけが死に切れず、自首した事件を重く捉《とら》えた。世間は父親に対して同情的であり、障害児の親の会を中心に減刑を求める署名運動さえ行われたからだ。そこでは殺された障害当事者の声がないがしろにされていた。昭和45年５月には神奈川県横浜市でやはり心身障害を持つ２歳の子供を、将来を悲観した母親が絞殺《こうさつ》する事件が発生。これも世間ではあくまでも母親を中心とした悲劇として扱われる。結局、前者の事件で父親は無罪になり、後者の事件で母親は懲役２年・執行猶予３年という殺人罪としては極めて軽い量刑が下された。

千代田区の事件の約10年後。昭和53年２月には横浜市港北区で母親が脳性麻痺の障害を持っていた12歳の息子を殺害、自死をほのめかして失踪《しっそう》。報道が過熱する中、２日後に遺体で発見された。青い芝の会の横田弘《ひろし》は著作『障害者殺しの思想』（ＪＣＡ出版、昭和54年）においてその結末に運動の成果と、一方で社会の本質的な変わらなさを見ている。「四、五年前までは、この種の事件が起きた場合、必ず加害者は無罪になった。ところが「青い芝の会」を先頭とした私達の闘いで、加害者を無罪にし得なくなった社会は、今度は加害者もろとも死に追い込もうとする方向に向いはじめてきたのである。／これは、あながち私の思い過ごしだけではない。昨年から今年にかけて神奈川県下で起ったこの種の事件四件のうち二件が加害者の自殺、一件が未遂、一件が行方不明となっている。／果して、加害者である母親は自殺した。／翌、十一日付の朝刊は待っていたとばかりこの家庭の「悲劇」を一勢（引用者注：原文ママ）に書き立てた」。そしてその〝悲劇〟は、加害者／被害者の家庭の中で完結したものとして演出されたのだ。

しかし「新聞で知る限りこの被害者は、決して殺されなければならない状況に在ったとは思えない」。横田は続ける。「両親が年老いているとか、或《あるい》は他に障害児の兄弟がいるとか、家が極端に貧しいとかという状況もこの事件にはない。／つまり、この事件は被害者と加害者を含めた個別の状況から生まれたものではない。／被害者である勤君が脳性マヒという身体的障害を持っていたこと、そしてそれが、現在の社会体制の中では「悪」であり「不幸」であり、その「不幸」は死ぬこと（殺されること）によってのみ救われるという位置づけをもった存在であったこと、そうした「悪」であり「不幸」な存在である脳性マヒ児を産み出した存在として、日常的に社会から疎外の対象とされた家族という、言わば現在の社会そのものから必然的に生じた事件なのである。／にもかかわらず、一切の報道はこの事件を、個別の状況のまま、つまり、事件を起した「家庭」だけの問題に置き換えてしまったのだ。そしてその結果として加害者を死に追い込み、それだけで一切をご破算にしていったのである」。

英一郎の死もこれら障害のある子供を持つ親による子殺しの系譜に位置付けて考えられるべきだろう。裁判における英昭と富子の回想や、主治医だった菊池の見解を聞くと、英一郎のアスペルガーの症状は重度と言って差し支《つか》えがなかったように思う。妻が暴力を受けながら、更に娘に自死されながら、英一郎の介助を続けた英昭の苦労は想像を絶する。この子殺しに関しても、世間では加害者＝父親に対して同情的な論調が強かった。メディアでは英一郎の暴力や自立の出来なさが盛んに報道され、彼のTwitterアカウントには「ご冥福お祈りしません。殺されて当然だよ。親父《おやじ》さんに執行猶予つくこと希望します」などというリプライが投げつけられた（＊4）。

確かに数々のエピソードから伝わってくるのは、英一郎はどうしようもない面を持つ人間だったということだ。しかし彼のそのどうしようもなさは、菊池の見解によればアスペルガー症候群と密接な関係があった。また事件の要因となったのは、英昭が様々な試行錯誤をしながらも最終的に問題を家庭の中で抱え込んでしまったことだ。それならばやるべきなのは、熊澤家の事件を、横田が書くように「この家庭の「悲劇」」「「家庭」だけの問題」としてではなく、「現在の社会そのものから必然的に生じた事件」として捉えること——彼らを包んでいた分厚い繭《まゆ》を切り開き、社会の側へ折り返すことだろう。

あるいは前述のような子殺しにおいて、加害者がむしろ同情を集め、被害者が二の次にされてきた歴史を踏まえるのならば、熊澤英一郎というひとりの人間についても思いを馳《は》せるべきだ。繰り返しになるが、ツイートを始め彼が残した言葉から浮かび上がってくる人物像はどうしようもない。そしてそのどうしようもなさについて考えなくてはならない。

例えば青い芝の会の横塚晃一《よこづかこういち》は、昭和45年の横浜市の事件が起きた直後に発表した文章で以下のように書いている。「脳性マヒのありのままの存在を主張することが我々「青い芝」の運動である以上、必然的に親からの解放を求めなければならない。泣きながらでも親不幸（引用者注：原文ママ）を詫《わ》びながらでも、親の偏愛をけっ飛ばさねばならないのが我々の宿命である。一方我々が人の子の親となった場合、親であることもけっ飛ばさなければならないであろう。このことは脳性マヒは子供を生んではいけないということではない。それは長年、社会・家庭における差別によってつちかわれた欲望、劣等感、世間なみという妄執の混じり合ったどろどろしたものを、子供の中に注入してはなるまいということなのである」（『母よ！殺すな』すずさわ書店、昭和50年）。

一方、英一郎は第2章でも引用した通り Twitter アカウントで以下のような投稿をしている。「私は肉体は健康だが脳は生まれつきアスペルガー症候群だし、18歳で統合失調症という呪《のろ》われて産まれた身体。私が1度でも産んでくれと親に頼んだか？」「何が産んでくれた？　勝手に親の都合で産んだんだから死ぬ最期《さいご》の1秒まで子供に責任を持てと言いたいんだ私は」（平成26年5月19日）。つまり英昭が〝かわいそうな身体〟と言ったのと同様に、英一郎も自身を〝呪われて産まれた身体〟と捉えており、彼はむしろ自立しないことで親＝社会に復讐《ふくしゅう》をしようと考えていた。それは自身こそが社会における負の連鎖を断ち切る存在になろうとする横塚の力強い思想に比べて、どうしようもなく、だらしなく感じられる。しかし英一郎のその怠惰な生き方も自分を受け入れない社会を壊そうとする、ある種のテロリズムだと解釈出来るのではないか。

裁判で取り上げられた「僕の44年の人生は何だったんだ」という発言や、「#子供の頃怖かったもの　成績が悪いと大切な玩具を叩き壊す愚母。エルガイムMK－Ⅱのプラモをためらいも無く壊された、あのショックは30年以上経っても忘れられない……。私の性格が歪んだ原因の1つですよ……」というツイートからは、テロリストの原点である孤独な少年の実存をはっきりと感じることが出来る。ちゃんと生きたかったという叫びを聞くことが出来る。そこに耳を傾けなければいけない。

裁判全体を通して見ると英昭に対して情状酌量を求める証言者ばかりが登場する中、初公判では、第2章でもインタヴューに応えてくれた、英一郎とはTwitterや『ドラゴンクエストX』を通して交流していたという昭和54年生まれの女性が彼について語った。「英一郎さんは過激で攻撃的な言動が多かったのですが、優しい一面も持っていて、事件を悲しく思っています。(両親に対して)暴力をふるっていた事実は許されるべきではないです。しかし彼はお父さんを誇りにしていると言っていました。自分を理解してほしいと思っていたのではないか。いま考えるのは、英一郎さんは事件をどう感じているんだろうということです。安らかにお眠りくださることを祈っています」。

＊

裁判3日目。まず検察側から論告求刑がなされた。「本件は、被告が強い殺意のもと、被害者の隙《すき》を狙って行われた。被害者の傷は首、胸など30箇所以上に及び、頸動《けいどう》

脈《みゃく》や心臓にまで達している。凶器の包丁の長さは17・5センチ。傷の深さは11・5センチ、広さは15・3センチ。手加減なしで刺しており、相手が死ぬことは分かっていたと思われる。また、被告は被害者と揉み合いになったと主張しているが、体格、年齢差が大きいにも拘らず、被告は小指に切り傷を負っただけである。一方、被害者の腕には防御創がある。被告が有利であった証左ではないか。被告が被害者の隙をついて攻撃をしたと考えるのが妥当だ」。裁判の間、英昭は目を瞑《つむ》っていることも多かったが、この時はしっかりと目を見開いて聞いていた。

検察官は続ける。「悲しい事件であることは確かである。しかしもう少し何とか出来なかったのか。5月26日に暴行を受け、6月1日に殺害。事前に殺害を考えたことはなかったというが、5月30日には〝殺人罪〟〝執行猶予〟などと検索、妻にも殺害をほのめかす手紙を書いている。暴行のきっかけに関しても、被害者が自身の境遇を嘆いているところで、被害者の落ち度について話した。気持ちを理解してもらえないと思った被害者が、暴力という形で感情を表現した。被告の経済状況は豊かで、専門家とも近しい関係だった。それにも拘らず殺害に至った。被告人が取り得る手段を尽くしたとは言えない——よって、懲役8年を求刑する」。

弁護側の最終弁論は「執行猶予付きの求刑が妥当」という主張から始まった。続いて富子への暴力や珠子の自死が起こる中で英昭が如何《いか》に英一郎の障害に寄り添ってきたかを改めて説明した上で、5月26日の暴行の酷さを強調する。「それは頭髪を引き抜かれ、顔に痣が出来る激しいものだった。英一郎さんは44歳で、178センチ、88キロ。この体格差なら被告が命を落としていてもおかしくなかった。しかし警察に突き出してしまえば親子の関係が崩れ、彼は生きていくことが困難になる。また、被告はデパスの影響で正常な思考が出来なくなっていた。〝殺人罪〟〝執行猶予〟などの検索は川崎の事件を知って、英一郎さんが同様の事件を起こした時のことを思い、行ったとみられる。本当に殺すつもりならば寝ているところを、あるいは背後から刺したのではないか」。そして弁護側はこの事件を、まさに障害のある子供を持つ親による子殺しの文脈に位置付ける。ただしあくまでも親の側に立って。「障害のある子供をやむを得ず殺害した事案には執行猶予も多い。本件は同種の犯行の中でも最も軽い刑が相応しい」。

それらを受け、英昭は以下のように述べた。「事の重大さは自覚しています。毎日反省し、亡き娘、亡き息子のために祈っている。息子が向こうの世界で穏やかな日々を過ごせるよう祈ることが、私の務めだと思っています」。

土日を挟んだ12月16日、英昭には懲役6年という検察側の求刑に近い判決が下された。20日、保釈金５００万円を納付し、殺人罪で実刑判決を受けた被告としては異例となる保釈を認められた。そして25日、冒頭手続きで「罪を認めています」と言っていた英昭は、判決を不服として控訴《こうそ》する。裁判は続くことになった。

＊１　ただし平成26年5月19日の時点で、英一郎は自身のTwitterアカウントにおいて「私は肉体は健康だが脳は生まれつきアスペルガー症候群だし、18歳で統合失調症という呪われて産まれた身体」と投稿している。

＊２　公判において、弁護側が英昭による英一郎の殺害はあくまでも自己防衛的な行為だったと主張したことに加えて、英昭自身も当初の報道とは違い、川崎殺傷事件が殺害の直接的要因ではないと述べた。一方で、後述するように英昭は同事件の「犯人の境遇が息子の境遇に似ていると感じ」「もし英一郎が事件を起こしたら……と不安に」なったとも振り返っている。ふたつの事件を結びつけたのは、やはり世間に漂っていた、７０４０／８０５０問題に象徴される高齢化社会の子育てに対する漠然とした不安だったのだろう。ちなみに自己防衛性に関しては検察側の主張を認める形で、判決では否定された。

＊３　ただし平成26年5月12日の時点で、英一郎は「あ～今の不動産の管理人という仕事に落ち着いて本当に良かった。やっとストレスの無い仕事に落ち着いたんだね私……」とツイートしている。

＊４　裁判後、英一郎の症状や英昭と富子の発言が明らかにされる中で、アスペルガー症候群の当事者で、発達障害者の支援を行っている安田祐輔による「「アスペルガーに生んでしまって申し訳ない」という言葉を、この社会からなくすために。」(<note>、令和元年12月23日付)といった文章も書かれるようになってきている。

第5章　令和元年のテロリズム

その光景は確かに見覚えがあったが、実際には虚構を通じて体験したものだったのかもしれない。春の陽が差し込む車両に2、3人しか乗っていない山手線を降りて、やはりひと気のない池袋駅の薄暗い地下道を通り過ぎていく。歩いているひとはみなマスクを着けていて、すれ違う瞬間、身体《からだ》の強張《こわば》りが伝わってくる。がらんとした空間に感染対策をしましょうという無機質なアナウンスが鳴り響いている。新型コロナウイルスの国内での感染拡大を受けて、内閣総理大臣・安倍晋三が緊急事態宣言を発令してから12日。改元の際には彼が「この〝令和〟には、人々が美しく心を寄せ合う中で文化が生まれ育つという意味が込められております」と説明していたが、それからたった1年で人々が身体を寄せ合うことすら出来なくなると誰が想像しただろうか。地上に出ると青空の下、ほとんどの店のシャッターは閉められ、ポスト・パンデミッ

クの世界が広がっていた。

令和の幕開けの1年は、この新たな時代が前途多難だということを予感させた。10月22日に予定されていた新天皇の「即位の礼」のひとつで、公道で行われるパレード「祝賀御列の儀」が延期されたことも象徴的だ。8月下旬、九州北部地方を襲った記録的な集中豪雨。9月上旬、千葉県を中心に甚大な被害をもたらした台風15号。10月中旬、復旧がなされていないところに再び大型の台風19号が上陸する。パレードの延期はそれらの被災者に配慮したものだった。10月22日、「即位の礼」の他の儀式は予定通り実施されたが、東京では朝から激しい雨となった。しかし13時、皇居の宮殿で即位を宣明する「即位礼正殿の儀」開始直前に空が晴れ、虹《にじ》がかかる。それをまるで奇跡かのように感動する向きもあったものの、すぐにこの国もまた世界的な厄災に飲み込まれていく。12月20日、日本初の新型コロナウイルス感染者となってしまう30代の男性は、既に原因不明の肺炎患者の発生が報告されつつあった中国・武漢市を訪れた。

もちろん遥《はる》か昔より日本列島は天災や疫病《えきびょう》に見舞われてきた。だからこそ、天皇はそういった禍《わざわい》を治めるという重要な役割を担《にな》ってきただろう。しかし令和の病禍においては徳仁《なるひと》の存在感は薄い。災害の時代とも言われる平成の間、明仁《あきひと》と美智子《みちこ》が力を入れてきたような慰問の旅が現状では行えないこともある。皇居の中で人知れず祈るという本来の儀式は行われていても、その姿を思って人々が安堵《あんど》するという神秘的なイメージはやはり前元号を通して確立された家庭的なイメージに取って代わられてしまっている。一方で、政府による対策が成功してきたとも言えない。そして安倍に代わって、新たに内閣総理大臣に就任した菅義偉《すがよしひで》が政策理念として掲げたのは〝自助・共助・公助〟だった。彼は言う。「まず自分で出来ることは自分でやる、自分で出来なくなったら家族や地域で支えてもらう、それでもダメであれば必ず国が責任をもって守る。そうした信頼のある国づくりというものを行っていきたいと思います」（＊１）。この理念自体は以前から主に防災対策において使われてきたものだが、コロナ禍にあって〝公助〟が上手《うま》く機能せず、〝共助〟も弱まっている中、誰にも頼れない――何事も〝自己責任〟だという雰囲気が強まっていく。

池袋駅の東口を出て南東に向かって延びるグリーン大通りを５００メートルほど進むと、首都高速５号池袋線の高架とその下道が大きなカーブを描いて合流してくる。平成31年４月19日12時25分頃、そこを銀色のトヨタ・プリウスが走ってきた。運転者は87歳の飯塚幸三《いいづかこうぞう》で、助手席にはやはり80代の妻が座っていた。その時、飯塚はランチの予約時間に遅れていたという。車はカーブで追い越し車線に入ると加速、前方の車を避けるようにして走行車線に戻る。直後、車体の左側を、車道と歩道を隔てるコンクリートブロックにぶつけた。「危ないよ？　どうしたの」。妻が驚いて言うと、飯塚は「あー、どうしたんだろう」と混乱した様子で答える。しかしそのまま赤信号を無視して横断歩道に突っ込み、自転車に乗った男性をはねた。更に70メートル先のふたつ目の横断歩道でも自転車に乗った母子をはね、そして左から直進してきたゴミ収集車と激しく衝突、横転させる。はずみでプリウスは回転しながらみっつ目の横断歩道を渡っていた6人の通行人を次々とはねる。そこで反対車線に止まっていたトラックにぶつかりようやく停止した。この間、わずか数秒。飯塚はコンクリートブロックに接触してから約150メートルの間、アクセルを踏み続けていたと見られ、最終的に車のスピードは法定速度50キロを大幅に超える100キロ近くにまで達していた。ふたつ目の横断歩道でひとや車を避けるためにハンドルを切った形跡もなかった。ふたつ目の横断歩道でひかれた自転車はまっぷたつに折れ、乗っていた母子は数メートル先まで弾《はじ》き飛ばされて亡《な》くなった。騒然とした現場に前方が大破しエアバッグが膨らんだプリウスから出てきた飯塚は、胸の骨が折れていたようで、現行犯逮捕されることはなくやはり負傷した妻と共に病院へ搬送された。警察は飯塚がブレーキとアクセルを踏み間違えたと見たが、本人は「アクセルが戻らなくなった」と主張したという。

そのちょうど1年後、母子が亡くなった交差点の歩道側はたくさんの花束で彩《いろど》られていた。そこに各メディアのスタッフがぎゅうぎゅうになってカメラを向ける。ただし本来行われるはずだった慰霊碑の除幕式は新型コロナウイルスの感染拡大を考慮して延期され、国民的関心を集めた事故だったにも拘《かかわ》らずこの日は手を合わせるひとがぽつりぽつりと訪れるくらいだった。事故発生時刻の12時25分になると、黒いスーツ姿で白いサージカルマスクを着けた遺族の男性が交差点の前に立った。事故後、彼は積極的にメディアに登場して妻子への愛と事件への悔しさを語り、その痛ましい姿は人々の涙と怒りを誘ってきた。自身の過失を認めず車の欠陥を主張し続ける加害者に対して厳罰を求める署名は39万筆にも及ぶ。筆者は男性がカメラの前で毅然《きぜん》と振る舞う姿を、少し離れたベンチに座って見ていた。やがて彼が去り、iPhoneに目を落としているとすぐ後ろで堰《せき》を切ったように激しく嗚咽《おえつ》する声がした。誰だかはすぐに分かったが、iPhoneの画面をじっと見つめたままその声を聞いた。少し経《た》って振り返ると、先ほどの遺族の男性が肩を抱かれて車に乗り込むところだった。これから一周忌の法要へ向かうのだろう。コロナ禍において久しぶりに人間の生々しさに触れたようで、重い余韻がいつまでも残っていた。

令和元年に起きた凶悪事件を追う本書の取材は5月28日の川崎殺傷事件の発生から始まったが、一方で改元前後に大きな話題になっていたのが高齢ドライバーの問題だった。平成31年4月19日、87歳の飯塚幸三が運転する車が東京都豊島区東池袋の路上で暴走し、31歳の母親と3歳の女児が死亡、8人が重軽傷を負った事故を皮切りとして、まるで高齢者の運転する車が突然、次々と交通事故を起こし出したかのような状況に、世間はちょっとしたパニックに陥っていたのだ。主な事故を以下に書き出してみる。

●東池袋自動車暴走死傷事故と同日の4月19日、東京都東村山市で83歳の女性が運転する車がUターンをする際に後ろからやってきたバイクと衝突、運転の男性が死亡。
●4月23日、東京都檜原村で70代から80代の男女4人が乗っていた軽ワゴン車が林道から転落、男性2人が死亡、女性2人が負傷。
●改元を挟んだ5月15日、千葉県市原市で65歳の男性が運転する車がコインパーキングから急発進、向かいにあった公園のフェンスを倒して突っ込む。その時、公園には保育園児5人と保育士2人がおり、園児をかばった保育士が右足を骨折する重傷を負う。
●6月3日、大阪市此花《このはな》区のスーパー前の歩道に80歳の男性が運転する車が乗り上げ、看板に衝突。男児1人、女児1人、女性2人が軽傷を負う。
●6月4日、福岡市で81歳の男性が運転する車が逆走しながら4台の車に次々と衝突。弾き飛ばされた車にもう1台の車と歩行者が巻き込まれ、結果、逆走の運転者と同乗者の76歳の女性が死亡、7人が重軽傷を負う。

65歳以上とされる高齢者の定義からは外れるが、東池袋自動車暴走死傷事故の2日後――平成31年4月21日には神戸市中央区のJR三ノ宮駅前で、64歳の男性が運転する市営バスが赤信号を無視して横断歩道に進入、加速しながら通行人をはね、2人が死亡、6人が重軽傷を負う事故が発生。令和元年5月8日には滋賀県大津市で52歳の女性が運転する車が対向車を確認せずに右折、衝突した直進車が歩道に乗り上げ、散歩中の保育園児を巻き込んで園児2人が死亡、他の園児と保育士の計14人が重軽傷を負った事故が発生している。特に後者は同じく幼児が死亡した東池袋の事故から間がなかったこともあって、凄惨《せいさん》な交通事故の頻発を印象付けた。人々はそこに何らかの理由を求め、高齢ドライバーに向けてスポットライトの光が絞られる。

前述した通り、飯塚幸三は事故について「アクセルを踏んだら戻らなくなった」と主張した。しかし警察の調べによるとアクセルペダルの周辺に妨げになったようなものはなく、車自体の不具合も確認されず、要因はやはり飯塚の高齢に伴う心身機能の低下にあると考えられた。報道でも飯塚が1年以上前から足の不調で通院、外出の際は杖《つえ》を使用していたこと、パーキンソン症候群が疑われる症状があり、周囲に車を手放すことをほのめかしていたことなどが伝えられる。ただし75歳以上のドライバーに義務付けられている認知機能検査に関しては問題なくクリアし、免許証の色の区分も優良運転者を意味するゴールドだった。

5月15日の千葉県市原市の事故でも運転者の65歳の男性は「ブレーキを踏んでいたが急発進した」と釈明。6月3日の大阪市此花区の事故では運転者の80歳の男性は「ブレーキとアクセルを踏み間違えた」と供述している。福岡市の事故に関しては運転者の81歳の男性が死亡してしまったため本人の主張は分からないが、警察はやはりアクセルとブレーキを踏み間違えたか意識を失っていた可能性が高いと見ている。そういった情報が相次いで出回る中で、高齢ドライバーの運転する車がまるでいつ暴発するか分からない自動車爆弾であるかのような不穏なイメージが広まっていく。

平成31年2月には警察庁が「平成30年に発生した交通死亡事故の内、後期高齢者（75歳以上）の運転者が過失の最も重い第一当事者になった件数が前年より42件増え、全世代における割合として過去最高の14・8％を占めた」と発表。「これから人口が多い団塊世代（昭和22年～昭和24年生まれ）が後期高齢者に差し掛かるため、更なる対策が必要だ」と警鐘を鳴らしていた。そのタイミングで東池袋において87歳のドライバーが凄惨な事故を起こしたのだ。そしてそれは川崎殺傷事件と相似《そうじ》形《けい》をなしているように見える。

平成31年3月、内閣府が40歳から64歳にかけての引きこもりは推計61万３０００人と発表、高齢化した両親が中高年化した子供の面倒を見ざるを得ない、いわゆる７０４０／８０５０問題に直面する家庭がかなりの数に上るという現実が白日の下に晒《さら》される。そこに岩崎隆一が同問題を最悪な形で体現する存在として現れた。ソーシャルワーカーの勝部《かつべ》麗子《れいこ》を始めとする識者が、引きこもりへの早急な対策の必要性を前提に「当事者はそれぞれ異なる事情を抱えており、誰もがこうした事件を起こすという偏見が助長されることを危惧《きぐ》する」と注意喚起したにも拘らず、引きこもり当事者をまるで殺人者予備軍のように扱う意見が相次ぎ、数日後には76歳の熊澤英昭《くまざわひであき》が、彼曰《いわ》く「引きこもりがち」で家庭内暴力を振るっていた44歳の息子・英一郎について「他人に危害を加えるかもしれない」と考え、殺害したという報道がなされた。

引きこもりと犯罪とを結びつけるべきではないとして、では高齢ドライバーと事故との関係はどのように捉《とら》えるべきなのだろうか。例えば統計ジャーナリストの久保哲朗は交通事故分析センターが公開しているデータをもとに、若年層（16歳～24歳）、壮年層（25歳〜64歳）、高齢層（65歳以上）という3世代と交通事故の傾向を分析し、以下のように結論付けている（＊2）。

（1）高齢者の事故が増えているのは、高齢ドライバーが増えているため。
（2）免許保有者あたりの事故数は、各年代とも下がり続けている。
（3）交通事故や死亡事故を起こす確率は、高齢層よりも若年層が高い。
（4）高齢層は、交通事故を起こしたときに重大な事故になりやすい。

実際のところ、日本では交通事故の件数は減り続けている。死者数に関しては平成元年が1万1086人であったのに対して、平成31年／令和元年は3215人。平成を通して実に71％も減少したことになる。対して社会の高齢化が進むことで高齢ドライバーが増え、相対的に彼らの事故に注目が集まるようになったのだ。しかし久保は「免許1万人あたり事故数が若年層よりも低いことからも、高齢ドライバーが事故を起こさないよう安全運転に努めていることは明らかです」と書く。一方で「高齢ドライバーはいざというときの判断力、運転技術が衰えている」というリスクもある。「事故に占める死亡事故の割合が年代別で高いのは、危険な状況になったときに被害を最小限に抑える能力が劣っていることを示しています」。また一口に〝高齢ドライバー〟と言っても、前期高齢者（65歳〜74歳）と後期高齢者（75歳〜）ではリスクが違うだろう。

　飯塚の主張を汲《く》むように、彼が乗っていたトヨタ・プリウスに事故の要因を見る向きもある。前述した改元前後に高齢ドライバーが起こした事故の内、5月15日の市原市と6月3日の大阪市も同車種によるものだった。そこからインターネット上では、事故が起きやすい車として〝プリウス・ミサイル〟なる揶揄《やゆ》の言葉まで生まれる。ただしこれも自動車テクノロジーライターの高根英幸《ひでゆき》によれば、プリウスの事故率が特に高い訳ではないという（＊3）。「その証拠に自動車保険の型式別料率クラスは、高い部類ではないのだ。交通事故による保険金の支払いが多ければ型式別料率クラスは上昇し、保険料は全体的に高額になってしまう」。

　それでもプリウスが日本有数の売り上げを誇る車種であるからこそ、事故数は多くても事故率は低くなっているのではないかという疑問は浮かぶ。プリウスの販売が開始されたのは平成9年。初期は苦戦したようだが燃費の良さから次第に人気が高まり、平成27年発表の現行4代目モデルは平成28年、29年と国内登録車販売台数1位が続く。30年は3位と順位を下げるものの、事故が多発したというイメージが拡散した平成31年／令和元年には1位に返り咲いた（＊4）。飯塚が乗っていたのは事故の11年前――平成20年、70代半ばに新車で購入した2代目モデルと見られるが、プリウスは高齢化社会の国民車とも言えて、その点、高根も危惧を述べる。「オーナー層を考えると、やや危険な側面も見えてくる。それはプリウスオーナーの年齢層だ。特に先代（引用者注：3代目モデル）30型プリウスまでは50代以上のドライバーが多い傾向にあったことは、プリウスの開発エンジニアも認めている話だ」。

またプリウスのシフトレバーの配置や操作方法、独特の発進の仕方が誤操作を誘発し、事故を招いているのではないかという指摘もあるが、この特徴に関しては同車種だけが持っているわけではなく、問題は「高齢者の運転事情と、それに安全技術が追いついていないクルマ社会全体にある」と高根はまとめる。東池袋に始まる一連の事件を受けて警察や自治体は高齢者に免許の返納を促し、平成31年／令和元年の返納件数は前年比で更に42・7％増となる。免許保有者数が昭和44年以来の下落に転じたことも大きく報じられた。しかし高齢者の免許保有者数自体は前年から増加している。つまるところ、〝高齢ドライバー問題〟は、社会の高齢化に対応が追いついていない行政や車業界が生み出したともいえるだろう。本当の〝問題〟はこの状況が予測出来たことだったにもかかわらず平成を通して対策が後手に回ったことで、高齢ドライバー問題も７０４０／８０５０問題も言わばずっと以前から存在を知られていた時限爆弾のようなものだった。それが今、所々で爆発しているのは当然なのだ。

もしくは高齢ドライバーの他に、近年、交通事故／トラブルに関して盛んに取り上げられる問題として〝あおり運転〟がある。平成29年６月５日の夜、25歳の石橋和歩《かずほ》がパーキングエリアで男性から駐車に関して注意を受けたことに腹を立て、東名高速道路上で男性と家族が乗る車に執拗《しつよう》に走行妨害をした後、停車させ、そこに大型トレーラーが追突したことで被害者夫婦２人が死亡、娘２人を含む３人が負傷した事故が起こった。石橋は以前からあおり運転を繰り返していたと見られ、件《くだん》の事故はそのような行為を厳罰化する道路交通法改正のきっかけとなる。改元後の夏には、44歳の宮崎文夫が常磐自動車道であおり運転をした後に被害男性を殴った事件がテレビとインターネットを賑《にぎ》わせていた。宮崎の行為が悪質極まりないことは前提として、その映像から窺《うかが》える彼と同乗女性の独特のキャラクターや事件後の逃走劇に向けられる視線に、柄が悪い人間を指すひと昔前のネット・スラングであるところの〝DQN（ドキュン）〟に対する嗤《わら》いが含まれていたことも確かだろう。同じように、川崎殺傷事件及び元農林水産省事務次官長男殺害事件への反応には独身中年男性に対する、高齢ドライバー問題への反応には高齢者に対するステレオタイプが表れていたのではないか。

＊

もうひとつ、東池袋自動車暴走死傷事故を巡って飛び交った奇妙な言葉が〝上級国民〟だ。飯塚幸三は東京大学を卒業後、通商産業省（現・経済産業省）内の研究機関＝工業技術院（現・産業技術総合研究所）に入所し、昭和61年には院長に就任。退官後は機械工業の業界団体＝機械振興協会の副会長、日本を代表する農機メーカー＝クボタの副社長などを務め、平成27年には瑞宝重光章《ずいほうじゅうこう》を受章した華々しい経歴の持ち主である。そこからインターネット上で、飯塚が事故現場で現行犯逮捕されなかったことに関して「〝上級国民〟だから免責されたのではないか」というような疑念の声が上がったのだ。新聞やニュースが報道の際に「飯塚〝さん〟」「飯塚〝元院長〟」など、敬称とも取れる呼び方をしたことも火に油を注いだ。しかしこの件については結論から言えば、警察もメディアも慣例通りに仕事をしたまでだろう。前述したように事故当時、飯塚は胸の骨が折れ、現場から病院へ搬送された。また高齢ということもあり、警察は逃走や証拠隠滅の恐れはないとして逮捕の手続きを踏まなかった。逮捕も指名手配もされていないため、メディアは〝容疑者〟と呼ぶことはない。そもそも〝逮捕〟は事件／事故の真相に辿《たど》り着くための手段でしかなく、あたかも処罰行為かのように受け取ることの方が問題だ。ただしそれは有罪ありきで捜査を進めるために逮捕のタイミングをリークする警察と、そのままスキャンダラスに報道するメディアの慣

例＝癒着関係がつくりあげてきたイメージによる部分も大きい。――そのような解説はすぐになされたが、人々の〝上級国民〟への怒りは収まらない。

事件2日後の4月21日に兵庫県神戸市で市営バスが起こした交通事故では〝一般国民〟の運転手が現行犯逮捕されたこと。一方、約1ヶ月前の平成31年3月22日、元東京地検特捜部長で弁護士の石川達紘《たつひろ》が自身で起こした交通事故により在宅起訴にされていたことも炎上の燃料となった。78歳（事故当時）の石川は前年2月18日、東京都港区の路上でトヨタ・レクサスを急発進、歩道にいた男性をはねて死亡させ、そのまま金物店に突っ込み建物を大破。警察は石川がブレーキとアクセルを間違えて踏んだと見たが、やはり〝上級国民〟と括《くく》られる彼も現行犯逮捕されていなかったのだ。

更に飯塚が令和元年6月13日の実況見分の際、杖の先で現場を指しながら説明する様子が無礼に見えたこと。彼が11月9日に報道されたJNNのインタヴューで「安全な車を開発するようメーカーの方に心がけていただき、高齢者が安心して運転できるような世の中になってほしい」と責任転嫁《てんか》とも取れる答え方をしたことなど、事件に憤《いきどお》る人々の感情を逆撫《さかな》でする話題に事欠かず、飯塚はほとんど国民の敵と化していく。

バッシングは飯塚の家族にまで及んだ。事故直後、救急車が到着する前に飯塚が息子へ電話をかけたと報道されたため、息子が揉《も》み消しに奔走したのではないかとの憶測が広まった。ストレスで憔悴《しょうすい》する息子に対応した「犯罪加害者家族ホットライン」を運営するＮＰＯ法人〈World Open Heart〉理事長の阿部恭子《あべきょうこ》によると、飯塚から息子に電話があったのは実際には事故の直後ではなく55分後で、他にも〝上級国民〟のイメージを強調し、義憤を煽《あお》るような報道が多かったという（＊5）。阿部は「甚大《じんだい》な被害に対して、誰かが相応の責任を取らなければ収まらない世間の処罰感情に応《こた》えるように、加害者家族が自ら命を絶つケースも」起こっていると注意を促しながら、「家族も含む加害者側への行き過ぎた制裁は、「被告人はすでに社会的制裁を受けている」という減刑の材料にもなり、厳罰化の主張に対して逆効果を招くことさえある」と指摘する。

平成30年1月に群馬県前橋市の県道を逆走して10代の女性ふたりを死傷させた85歳の男性は、運転中に薬の副作用で意識障害を発症していたとして一審では無罪判決を受けたにも拘らず、令和2年10月の控訴審《こうそしん》では家族の意向により有罪を主張した（＊6）。そこには世間からの制裁の要求に応えないでは済まされないというプレッシャーがあっただろう。加害者の家族すら追い詰めていく、非当事者たちのその強い怒りはどこから湧《わ》いてくるのか。

〝上級国民〟は平成27年9月から広く使われるようになったネット・スラングで、きっかけは〈2020年夏季オリンピック東京大会・パラリンピック東京大会〉の公式エンブレムを巡る騒動だ（＊7）。このオリンピックを巡ってはトラブルが多く、遂《つい》には新型コロナウイルスのパンデミックを受けて延期。本稿執筆時（令和2年）でも開催の見通しが立っていないわけだが、ケチの付き始めが建築家のザハ・ハディドによる新国立競技場や、グラフィックデザイナー・佐野研二郎によるエンブレムのデザイン案についてのごたごただった。

平成27年7月、エンブレムの条件付き公募から佐野案の選出が発表されると、ベルギーのリエージュ劇場のロゴに酷似していると抗議の声が上がる。当初、佐野や運営側は否定していたが、インターネット上では佐野の過去作品に関する盗用疑惑の指摘が次々になされ、結局採用中止に。その過程にあった平成27年9月1日、エンブレムの審査委員長を務めたグラフィックデザイナー・永井一正《かずまさ》が、佐野のデザイン案のオリジナリティを認めた上で述べた「このような説明は、専門家の間では充分分かり合えるんだけれども、一般国民には残念ながら分かりにくいですね」という言葉が、五輪組織委員会事務総長・武藤《むとう》敏郎《としろう》の記者会見で紹介される。それがいわゆる上から目線だとしてインターネット上で反感を買い、「我々が〝一般国民〟なら、お前達は

〝上級国民〟か」といった意味を込めて〝上級国民〟なる言い回しが使われるようになった。

しかし以上の起源と、飯塚幸三に貼《は》られる〝上級国民〟というレッテルにはニュアンスの違いがあるようにも思える。前者が卑下することで専門家の驕《おご》りを嗤うアイロニーだとしたら、後者はもっと真剣な怒りを感じさせるし、些《いささ》か陰謀論めいてもいる。アメリカでは〈Qアノン〉という陰謀論を典拠に民主党やリベラルな文化人が中心となった影の政治権力が存在すると考え、対抗勢力としてドナルド・トランプを支持する人々が決して無視出来ない勢力を持つ。それよりは曖昧《あいまい》なムードに過ぎないが、〝上級国民〟バッシングも反エスタブリッシュメント（支配階級）主義という点で共通する。

「ニューズウィーク日本版」令和2年2月25日号の巻頭記事（＊8）では、計量経済学を専門とする山口真一の研究を元に、東池袋自動車暴走死傷事故についてインターネット上で〝上級国民〟をバッシングしていたのは〝下級国民〟ではなく、〝一般国民〟の中でも経済的にある程度恵まれたアッパーミドルクラスが中心だったのではないかと推測している。また、10年に1度行われる〈社会階層と社会移動全国調査〉の平成27年の回で、日本の経済格差に関して「チャンスが平等なら競争で貧富の差が広がっても仕方がない」――つまり、いわゆる〝自己責任論〟を容認するひとは全体の過半数＝52・9％に及び、特に大企業のサラリーマンなどミドルクラス以上ではその傾向が強いという。そして同記事は社会学者の橋本健二による、飯塚幸三に対するバッシングは「一種の公務員たたき」で、「戦前、戦中には、経済統制下の配給などで不正や干渉を働いた役人に対する怒りが国民の間にあり、それが日本人の公務員嫌いの根源」という分析を踏まえ、以下のように結論付ける。「努力すれば報酬が得られる、何も得られないのは頑張っていない証《あか》しだ、と考える人々にしてみれば、市場原理にさらされず、競争の仕組みが働いていないように思われがちな公務員もたたきやすい。その原理は人の犯した罪にも及ぶ。罪の「責任」を回避しているように見える加害者に「特権階級」だと攻撃が集まるのはこうした意識が働くからだ」。
「ニューズウィーク日本版」の記事では飯塚幸三や前述の元東京地検特捜部長・石川達紘の他に、〝上級国民〟だとされた人物としてジャーナリスト・山口敬之《のりゆき》の名前を挙げている。平成27年4月、山口に性的暴行を受けたと同じくジャーナリストの伊藤詩織が被害届を提出するが、逮捕が見送られる。それについて、当時の警視庁刑事部長・中村格《いたる》が「週刊新潮」の取材に「山口の逮捕の中止は自分が決めた」と認め、山口が内閣総理大臣・安倍晋三と懇意であったことや、中村が官房長官・菅義偉《すがよしひで》の元秘書官であったことから隠蔽《いんぺい》が図られたのではないかという疑惑が持ち上がった。平成24年から令和2年まで続いた第二期安倍政権の後半は、森友学園や加計《かけ》学園の問題と相俟《あいま》って、総理大臣に近しい人物＝〝上級国民〟が便宜を受けているのではないかという不信感が膨らんでいった時期だった。

ただし〝上級国民〟バッシングは必ずしも権力者には向かわない。ネット・スラングを解説する〈ニコニコ大百科（仮）〉の〝上級国民〟のページにおける「上級国民と見なされる人々」という項目に、「政治家（特に現役閣僚・閣僚経験者）」「公務員」などと並んで、「在日韓国・朝鮮人」と書かれていることから分かるように、それは平成後半に蔓延《まんえん》したレイシズムや生活保護受給者バッシングとも地続きである。「自分は損をしている」。対して「得をしている奴《やつ》がいる」。そういったフラストレーションが日本社会をさまよい、時々で叩《たた》きやすい標的を見つけては襲いかかり憂《う》さを晴らしているのも実情だろう。そこではQアノン信奉者が最高権力者のトランプ大統領をむしろ対抗勢力として支持したように、安倍総理を〝上級国民〟に立ち向かう存在と見る向きさえあった。

元農林水産省事務次官・熊澤英昭による長男・英一郎の殺害事件は、当初、川崎殺傷事件に影響を受けて起こったと報道されたが、〝上級国民〟というキーワードをもとにすれば、東池袋自動車暴走死傷事故との連続性が見えてくる。そもそも英昭は元高級官僚で、退官後も関連団体の重職についてきた、まさに〝上級国民〟というカテゴリーに当てはまる人物のように思える。しかし事件の際、彼は同情さえ集めた。むしろバッシングされたのは被害者・英一郎の方だ。第2章で検証したように、確かに英一郎も自身のTwitterアカウントで父親のキャリアを笠《かさ》に着てひとを見下すような投稿を繰り返していた、カリカチュアのような〝上級国民〟像の体現者である。また彼はアスペルガー症候群当事者で、いじめを受け、なかなか社会に適応出来なかった一方、インターネット上で韓国人や中国人を侮辱し、〝パヨク〟や〝マスゴミ〟といったネット・スラングを使い、自民党やトランプへの支持を表明する――こちらもあえて揶揄の言葉を使うならば――〝ネトウヨ〟と言われるような政治的志向の持主だった。他にも平成26年10月にジャーナリストの後藤健二がシリアでイスラム過激派組織・ISIL（イスラム国）に拘束された際には、「イスラム国で拘束されてる後藤なんて助ける必要は無い！　危険な所へ行った自業自得《じごうじとく》だ！」（平成27年1月29日）とツイートしている。その3日後、後藤がISILによって惨殺《ざんさつ》される映像がYouTubeにアップロード。そしてやはり自己責任論を振りかざしながらネット上でハラスメントを繰り返していた英一郎も、事件後、「自己責任だ」と遺体に唾《つば》をかけられるように中傷されたのだ。

日本社会で自己責任論が盛んに説かれるようになったきっかけのひとつが、イラク人質事件だと言われる。政治的混乱期にあった同国で、平成16年4月7日、人道支援を目的に入国した日本人3人を武装勢力が拘束。解放と引き換えにやはりイラクに駐留していた自衛隊の撤退を求めたが、内閣総理大臣・小泉純一郎はそれを拒否した。時事ネタを扱うことで知られる芸人・プチ鹿島《かしま》が過去の新聞記事を再確認して分かったのは、当時、政治家で最初に〝自己責任〟なる言葉を使ったのが環境大臣だった小池百合子《ゆりこ》だということである（＊9）。「無謀ではないか。一般的に危ないと言われている所にあえて行くのは自分自身の責任の部分が多い」（「読売新聞」4月9日付夕刊）という彼女のコメントを皮切りに、メディアでも被害者に自己責任を求める声が高まっていく。例えば「読売新聞」は社説に以下のように書いた。「自己責任の自覚を欠いた、無謀かつ無責任な行動が、政府や関係機関などに、大きな無用の負担をかけている。深刻に反省すべき問題である」（4月13日付朝刊）。結局、仲介が入ったことで人質は15日に解放されるが、帰国後の彼らを待っていたのはバッシングの嵐《あらし》だった。その風は今もこの国で吹き荒れている。

「犯罪は、日本近代文学にとっては、新しい沃野《よくや》になるはずのものであった。／未成年による「理由なき殺人」の、もっともクラシックな典型である小松川女子高生殺し事件が生じたとき、わたしはそのことを鮮烈に感覚した。／この事件は、若者が十七にして始めて自分の言葉で一つの世界を創《つく》ろうとする、詩を書くような行為としての犯罪である、と」。文芸評論家の秋山駿《しゅん》は犯罪についての論考をまとめた『内部の人間の犯罪』（講談社文芸文庫、平成19年）のあとがきを、昭和33年の殺人事件を回想しながらそう始めている。ぎょっとしてしまうのは、それが日々インターネット上で目にしているような犯罪についての言葉とまったく違うからだ。いや、炎上に飛び込む虫＝ツイートにすら見える。今、こういった殺人犯を評価するようなことを著名人が書けばひとたまりもないだろう。

秋山は犯罪を文学として捉えたが、犯罪を革命として捉えたのが評論家の平岡正明《まさあき》だった。「永山則夫からはじめられることはうれしい」「われわれは金嬉老（＊10）から多くを学んできた。まだ学びつくすことができない」と、犯罪論集『あらゆる犯罪は革命的である』（現代評論社、昭和47年）に収められた文章の書き出しで、犯罪者たちはまさにテロリストとして賞賛されている。永山則夫には秋山もこだわったが、当時は彼の犯罪に文学性を見出《みいだ》したり、対抗文化と重ね合わせたりすることは決して

突飛ではなかった。一方、そこでは永山に射殺された4人の労働者はほとんど顧みられることはない(＊11)。仮に現代に永山が同様の事件を起こしたら、彼がアンチヒーローとして扱われることはなかっただろうし、もっと被害者のバックグラウンドが掘り下げられていただろう。では近年の方が倫理的に進んでいるのかと言えば、上級国民バッシングが飯塚幸三のみならずその家族や、あるいは元農林水産省事務次官に殺された息子の熊澤英一郎にすら向かった事実からもそうではないことが分かる。

令和元年のテロリズムは、テロリストという中心がぼやけている。令和元年5月28日、2人を殺害、18人に重軽傷を負わせた岩崎隆一は何も語ることも何も残すこともなく自害し、真相は永遠に闇《やみ》の中だ。令和元年6月1日、長男を殺害した熊澤英昭は「息子が向こうの世界で穏やかな日々を過ごせるよう祈ることが、私の務めだと思っています」と言いながら、頑《かたく》なに正当防衛を主張している。令和元年7月18日、36人が死亡、33人に重軽傷を負わせ、自身も生死の境を彷徨《さまよ》った青葉真司は翌年6月9日、緊急事態宣言の解除を待って京都地裁で行われた勾留《こうりゅう》理由開示手続きに火傷《やけど》の跡が痛々しい姿で担架に乗って現れた。裁判官に名前を訊《き》かれた彼は「青葉真司です」と名乗ったが、事件や被害者については何も語らなかった。今後、裁判が進む中で動機が明らかになっていくはずだが、それは同じく小説を書いた永山則夫とは違って不可解なまま終わるだろう。対して彼らが生み出したテロル（恐怖）に煽動《せんどう》された人々の反応ははっきりとしている。そこでは平成後半を通して社会で醸成されていった他罰性が露《あら》わになった。一方、その嵐の中で吹き飛ばされないよう堪《こら》えながら事件と向き合ったひとたちもいた。

川崎殺傷事件のちょうど1年後、令和2年5月28日の朝には現場で追悼式が行われた。緊急事態宣言は3日前に解除されていたが、東池袋の事故現場と同様、訪れるひとは少なく、時折花束を持ったひとが現れては大勢の記者やカメラマンに囲まれていた。現場の目の前にあるマンションから若い母親と、父親に抱かれた子供が出てきて、母親は振り向いて手を合わせると、夫と子供に微笑《ほほえ》み、登戸駅の方へ駆け足で向かっていった。子供が母親の背中に手を伸ばして泣いている。そこへ記者が話しかけたが、父親は無言で首を振って、子供をあやしながらマンションの中へ戻っていった。しばらくすると現場の前を走る幹線道路の反対車線側に車が止まり、助手席から少女が降りてきた。彼女は報道関係者の集団に臆《おく》したのか、当初は道路を挟んで手を合わせていたものの、車の流れが途絶えた時、意を決したように渡って現場の前へ行くと、改めてアスファルトの上に正座をして手を合わせ、深く頭を下げた。その姿を新聞社のカメラマンが寝転んで写真に収める。ようやく頭を上げた少女にも記者が話しかけるが、彼女はやはり無言でお辞儀をして車に戻っていった。救済のない世界の中で人々は互いを攻撃し合い、そして誰にともなく祈っていた。

＊1　令和2年9月2日、NHK「ニュースウオッチ9」での発言
＊2　久保哲朗「「高齢ドライバー」が危険だとわかる統計的根拠」（東洋経済オンライン、令和元年）
＊3　小野正樹「「プリウスミサイル」という呼び名は正しいのか？」（ベストカーWeb、令和元年）
＊4　ただし令和2年の国内登録車販売台数のランキングでは一転、10位圏外となった。
＊5　阿部恭子「「上級国民」大批判のウラで、池袋暴走事故の「加害者家族」に起きていたこと」（現代ビジネス、令和2年）　飯塚幸三の息子は報道に関して、電話の件以外にも「「フレンチに遅れる」といった「上級国民」を強調するテロップが使われバッシングは過熱したが、被告人が向かっていたのは、遅れても構わない馴染みのごく普通の小レストランであり、「フレンチ」という表現には違和感がある」「「医師から運転を止めるように言われていたにもかかわらず運転していた」など、悪質性を裏付ける報道が続いたが、そのような事実はなく、車を擦ったりぶつけたりといった家族が不安になるような問題も起きてはいなかった」と語ったという。
＊6　右の記事を参照
＊7　〈ニコニコ大百科（仮）〉、「上級国民」の項目参照
＊8　澤田知洋「かくも空虚な「上級国民」批判の正体」（CCCメディアハウス、令和2年）
＊9　プチ鹿島「「14年前、誰が「自己責任論」を言い始めたのか？——「イラク3邦人人質」記事を読み直す」（文春オンライン、平成30年）
＊10　金嬉老（きんきろう／キム・ヒロ）は在日韓国人2世で、昭和43年に暴力団員2名を射殺、逃走中に

人質をとって立てこもり、これまで警察から受けた差別発言への謝罪を要求した。平岡は同年に永山が起こした連続ピストル射殺事件と合わせて、そこに日本の下層階級の蜂起を見た。
＊11　第3章で引用したように社会学者・見田宗介は論考「まなざしの地獄」において、同じ労働者を襲ったことで言わば永山の〝革命〟は失敗したと指摘している。

あとがき

本書ではいわゆる未解決事件を扱っている。犯行直後に容疑者が自死を遂げた川崎殺傷事件がまさにそうだが、元農林水産省事務次官長男殺害事件に関しては2審で被告側の控訴《こうそ》が棄却、このあとがきを執筆している際に、期限までに上告されなかったため懲役6年の判決が確定したとのニュースが入ってきた。一方、東池袋自動車暴走死傷事故に関しては裁判が続いているし、京都アニメーション放火殺傷事件に関しては初公判の目処《めど》すら立っておらず、これらも未解決である。しかし、事件が〝解決〟するとはそもそもどういうことなのだろうか。

もちろん裁判を経て何らかの判決を下すということは重要なプロセスである。先に挙げた未解決の事件も今後それを踏まえ、改めて検証されるべきだろう。ただ、被害者やその家族を始めとする関係者にとって判決はひとつの区切りにはなっても、事件に巻き込まれた理不尽さや大切なひとを失った悲しさは解決することなく続いていく。

一方、世間は陰惨な事件が起きる度に憤《いきどお》り、そしてすぐに忘れ、また新たな事件に憤るというルーティーンを繰り返していくが、そういった目先のことに飛びつく中で事件の遠因となった社会的背景は半《なか》ば放置される。だからこそ、本書では平成から令和への改元を観測（時）点として、前後に起こった事件／事故からその背景を浮かび上がらせようとした。それは継続する課題を通して前元号＝平成時代を振り返り、新元号＝令和時代を予測することにもなった。見えてきたものは決して明るくはない。

本書の企画は第1章で引用した、令和元年5月28日、川崎殺傷事件当日の筆者のツイートを読んだ「新潮」編集部の杉山達哉より、同事件について書いてみないかという連絡をもらったことで立ち上がった。後日、もうひとりの担当編集者の風元正と3人で事件現場の川崎市多摩区登戸新町、容疑者・岩崎隆一の実家がある同市麻生区多摩美《たまみ》へ向かった頃には既に事件は風化しつつあったが、その消費の早さにこそ、この本をじっくりと書く意義を感じた。取材中、それぞれ世代が違う3人でああでもないこうでもないと話したことが原稿を書き進める上で役に立った。

また、同行してくれた写真家の山谷佑介《やまたにゆうすけ》から送られてくる写真は、取材対象となった川崎北部や北関東、京都郊外ののっぺりとした光景の深層を掘り下げるような重いもので、これにも非常に感化された。個人的には本書は山谷との共著だと考えている。おこがましい書き方だが、本書をきっかけに彼の才能が広く知られて欲しい。

取材を進めるにあたって「週刊新潮」編集部にも様々な形で協力してもらった。筆不精のためなかなか返信出来ず心苦しかったけれど、連載に対する編集部・猪塚真希からの感想のメールも励みになった。

本書は「新潮」に連載されたものに、単行本化にあたって大幅な加筆修正を施した。ただし執筆時の思考の流れや世間の雰囲気は極力残すようにして、後に判明した事実に関しては注釈などで添えている。各章の初出は第1章が「新潮」令和元年10月号、第2章が同年12月号、第3章が令和2年3月号、第4章が同年5月号、終章が同年11月号となる。第1章は川崎殺傷事件一周忌のタイミングでウェブサイト〈デイリー新潮〉に転載した版を下敷とした。

最後に、本書で扱った事件に巻き込まれ、亡《な》くなられた方々のご冥福《めいふく》をお祈りしたい。筆者なりに事件の遠因となった社会的背景に迫ったつもりだけれど、それは日本で生きる人間のひとりとして自分も罪を背負うということである。この社会を良くすることが供養《くよう》になると考えて、精進します。どうぞ安らかにお眠り下さい。

令和3年2月22日

磯部　涼

追章　令和三年と四年のテロリズム

「あの時、私はちょうどここに入ってくるところだったんですよ。そうしたらひとだかりが見えて。幟《のぼり》もたくさん立っていたので、あぁ演説でもやっているんだなぁと思ったら、突然……ポン菓子ってあるでしょう？　あれをつくる時のようなボンッ！　って音がして」。近畿日本鉄道・大和西大寺《やまとさいだいじ》駅北口で乗り込んだタクシーの運転手は、駅前につくられたロータリーを出るためにハンドルを切りながら昨年（令和4年）のことを振り返った。向かいには7階建ての複合商業施設＝サンワシティ西大寺があって、ガラス張りのエレベーターが冬の抜けるような青空に向かって上昇していく。そこからは交差点の中央に並んだ、オレンジ色のラバーポールが見下ろせるだろう。その何の変哲もない場所こそ他でもない、元内閣総理大臣＝安倍晋三が銃殺された事件現場だ。

発生直後からテレビやSNSで繰り返し見ることになった映像では、その場所は古びた白いガードレールで囲まれていたものの、既に整備され、タクシーやバスの乗り場も真新しくなっている。慰霊碑を建設しようという案は「毎日のように通る道なので、陰惨な出来事を思い出したくない」という意見も多かったため却下され、今やそこが惨劇の舞台だなどと言われなければ気付くことはないだろう。現場前の人工芝の広場では制服姿の高校生達がふざけて転がり回っていた。

事件の約1年半後、令和5年12月末に訪れた大和西大寺駅周辺でその痕跡《こんせき》を探すことは難しかった。取材に応じてくれる住民はほとんどおらず、近隣の定食屋の店主はそれまで愛想が良かったのに、会計の際、実は取材に来たと告げると途端に顔を曇らせ、「私は何も知りません」と下を向いた。別の場所では銃痕が見つかったドアはつけかえられ、犯人の実家の表札はえぐり取られていた。件《くだん》のタクシー運転手は珍しい存在だ。

あれほど時代の転換点として論じられた出来事でも、日々起こる事件と同様、こんなにもすぐに忘却の彼方《かなた》に消しさられてしまうものなのか。もちろん駅前の整備工事自体はもともと決まっていたことだったが、住民にはメディア・スクラムによって奪われた平穏な日常を取り戻したいという気持ちもあったのだろう。結果、そこにはどこの地方にでもあるようなただただのっぺりとした風景が広がっていた。そしてタクシーは銃殺事件の犯人＝山上徹也《やまがみてつや》の自宅へと、彼が犯行現場に向かったルートを逆走する形で進んでいった。

まず、事件のあらましを簡単に記しておく。令和4年7月8日、金曜日、午前11時半過ぎ。参議院選挙の投票日が2日後に迫っていたこの日、元内閣総理大臣＝安倍晋三は自民党候補の応援演説のため、近鉄・大和西大寺駅北口前に立っていた。すると突然、背後で爆発音が鳴り響く。白煙が上がる中、安倍が呆然《ぼうぜん》と振り返ると2発目の爆発音がして、彼はその場に倒れ込んだ。首の右前部と左上腕部に銃弾を受け、心肺停止状態で病院へ搬送。17時過ぎに死亡が確認される。

現場で取り押さえられたのは、3キロ程離れた場所に住んでいた山上徹也、41歳、無職。逮捕直後は元自衛官だという情報と共に、事件を起こした理由について「（安倍の）政治信条に対する恨みではない」と供述していると報道されたため、いわゆる動機不明の犯罪かと思われた。しかし次第に、母親が通称・統一教会（現・世界平和統一家庭連合）に多額の献金を繰り返し、家庭が崩壊。そのため山上は同団体に恨みを持っていたこと。まずは創立者＝故・文鮮明《ムンソンミョン》の妻で、現・総裁＝韓鶴子《ハンハクチャ》の殺害を企

南部銀行

てたが実現が難しいと判断、政治家として統一教会との関係が深いと見た安倍に標的を変えたことなどが判明。少なくとも山上自身にとっては事件に至る明確なストーリーがあったと分かった。

　山上が犯行前日、新興宗教の信者2世を取材したノンフィクション作品『カルトの子　心を盗まれた家族』（文藝春秋、平成12年）で知られるジャーナリスト＝米本和広《よねもとかずひろ》に手紙を送っていたことも明らかになったが、そこでは犯行計画について以下のように書かれていた。

「苦々しくは思っていましたが、安倍は本来の敵ではないのです。あくまでも現実世界で最も影響力のある統一教会シンパの一人に過ぎません。文一族を皆殺しにしたくとも、私にはそれが不可能な事は分かっています。分裂には一挙に叩《たた》くのが難しいという側面もあるのです」

　山上は、現在、文一族は統一教会から様々な団体へと分派しているため、利害関係が複雑になっていると――韓鶴子や、5女で同教会・会長の文善進《ソンジン》、3男で自身こそがメシアであると宣言、鶴子と対立する文顯進《ヒョンジン》、7男でサンクチュアリ教会こと世界平和統一聖殿を創立、やはり鶴子と対立する文亨進《ヒョンジン》の存在を挙げながら説明する。

「現実に可能な範囲として韓鶴子本人、無理なら少なくとも文の血族の一人には死んでもらうつもりでしたが、鶴子やその娘が死ねば3男と7男が喜ぶのか、或《あ》るいは統一教会が再び結集するのか、どちらにしても私の目的には沿わないのです」

文一族が対立した現状にあっては、誰かひとりを殺しても、誰かが得をしたり、一族の和解を促すことになってしまいかねないわけで、むしろ外部の、最も影響力を持つ協力者を殺害することで、全体に揺さぶりをかけるしかない——つまり、山上にとって今回の犯行は唯一《ゆいいつ》残された選択だったのだ。

「安倍の死がもたらす政治的意味、結果、最早《もはや》それを考える余裕は私にはありません」。山上は手紙をそのように締めくくっている。果たして、彼の犯行は何をもたらしたか。事件直後こそテレビや新聞では安倍元総理に対する追悼と彼のレガシーに対する賛美の言葉が述べられた。しかしそれはすぐに山上の家族を苦しめた統一教会に対する高額献金の問題や、同団体と安倍を始めとする政治家との癒着の問題の追及へと取って代わられる。明らかにマスメディアは山上の犯罪に焚《た》き付けられ、欲情していた。仮に山上が統一教会関係者を狙《ねら》ったとしたらここまでの騒ぎにはならなかっただろう。彼はひとまず目的を達成したのだ。ひとりの人間の命を犠牲にして。

安倍晋三元内閣総理大臣銃殺事件に際して衝撃を受けたのは、この時代、この国で、正真正銘のテロが起きてしまったことである。いま正真正銘と形容したのは、ここまで本書が行なってきたのは暴発的／無意識的に起こされた事件をあえてテロとして解釈する試みで、またその背景にあったのは、現代日本は本来の意味でのテロが成り立たない社会になっているという見立てだったからだ。

〝テロが成り立たない社会〟というのは、単に安全な社会だということを意味しない。人々が政治及び社会との繫《つな》がりを失ったこの時代、この国においては、誰もが闇《やみ》の中にいるようなもので、自身がどんな状況に置かれているのか、どんな問題に直面しているのか把握出来ない。つまり自分を追い詰めている〝敵〟が見えない。だからテロリストも生まれない。当然の話、テロなど起きないに越したことはない。しかし敵が見えなくとも、自分が誰かのせいで苦しめられているという感覚は漠然と存在する。そのため、それは確たる理由のない無差別殺人や極めて個人的な家庭内殺人という形で暴発してしまうのだ。

本書では主に川崎殺傷事件、元農林水産省事務次官長男殺害事件、京都アニメーション放火殺傷事件という、改元直後、立て続けに起こった陰惨な事件を取り上げてきた。どれも犯人は動機として政治的目的など語っていない。ただ、彼らやその家族が事件に至ってしまった過程を辿《たど》ると、背景として浮かび上がってきたのは７０４０／

８０５０問題や就職氷河期世代の苦難といった、平成時代を通して先送りにされ、こじれ、限界に達しようとしている社会問題だった。改元のタイミングで問題を噴出させるかのように事件が起こったことは象徴的だ。しかしそれを知ってなお、少なくない人々が彼らに対して、他人を巻き込むな、死にたいなら勝手に——「一人で死ね」という言葉を投げつけた。事件と社会とを切り離し、要因を犯人だけに抱え込ませて見えないところへ追いやろうとする言葉である。ならば事件をあえて〝テロ〟と呼ぶことで政治化し、問題の根本に迫れないかと考えた。

以上の事件と比べると、山上の犯罪は明らかに〝テロ〟である。彼の銃弾は無差別殺人や家庭内殺人ではなく、要人暗殺へと向かった。

もちろん、それを〝テロ〟と呼ぶべきではないとする意見は承知している。安倍元総理銃殺事件に際して「これはテロか、テロではないか」と議論が交わされたことは、この事件を考える上で重要な点だと言えるだろう。

令和４年９月27日14時、日本武道館で〈故安倍晋三国葬儀〉が始まるまさにその時、渋谷・円山町《まるやまちょう》にあるイベント・スペース〈ロフト９〉もまた異様な熱気に満ちていた。開催の賛否に関して世論が割れていた国葬に合わせ、山上の犯行を描いたフィクション映画『REVOLUTION＋1』の初めての上映会が行われようとしていたのだ。しかし会場には主役である監督＝足立正生《あだちまさお》の姿が見えない。すると照明が落ち、スクリーンに彼が映し出される。サングラスをかけた足立は喧騒《けんそう》の中にいて、背後には日本武道館が見える。「皆さん、私はいま国葬に来ています」。客席を埋め尽くした人々がどっと沸く。この日、国葬ではなく〈ロフト9〉に足を運んだ人々のほとんどは恐らく前者の開催には反対の立場で、それに対して足立はアイロニカルなパフォーマンスで応《こた》えたのだ。「今からそちらに移動しますので、まずは『REVOLUTION＋1』をお楽しみ下さい」。そして83歳（当時）の異端の映画監督が銃殺事件直後から密《ひそ》かに制作に取り掛かり、たった3ヶ月弱でひとまずの完成に漕《こ》ぎ着けた作品が披露された。

　しかし『REVOLUTION＋1』は、端的に言ってメロドラマのような映画だった。この日に上映されたのがあくまでラフ・ミックス版だったことを考慮しても、第3章で取り上げた、足立がやはり銃殺事件をテーマに、犯人＝永山則夫《ながやまのりお》が見てきただろう景色を淡々と映していく、分かりやすい物語性を排した『略称・連続射殺魔』と方向性が反対であることは明白で、『REVOLUTION＋1』では後述する山上（劇中では川上達也《たつや》）の生い立ちと事件に向かう過程が大袈裟《おおげさ》に、悲劇的に描かれる。

　もちろん見所もあって、例えば登場人物のひとりである女性キャラクターの〝革命

2世〟というバックグラウンドが、〝宗教2世〟の山上と同じ被虐待者《ひぎゃくたいしゃ》として位置付けられていたのは、パレスチナ解放人民戦線～日本赤軍に参加した足立の立場からすると興味深い。ただ総じて気恥ずかしくなるようなシーンが多く、山上がまた別の女性とザ・ブルーハーツの「未来は僕等《ぼくら》の手の中」を熱唱するシーンには、このバンドの極めて通俗的な解釈が表れているようで直視出来なかった。

『REVOLUTION＋1』を通してひとつだけはっきりと伝わってきたのは、足立は山上の犯罪に共感しているだろうことだ。それもまた、何もこちらが深読みしているわけではなく、ラスト・シーンで山上の妹役に「世間はお兄さんの行動をテロだ、民主主義の敵だというけど、民主主義を壊したのは安倍さんだ」というようなセリフを愚直に言わせているからに過ぎないのだが。

ただ上映後、日本武道館から〈ロフト9〉へと辿り着いた足立が登壇して行われたトーク・パートでは、彼は煙草《たばこ》を吹かしながら「山上はテロリストではない」「山上の犯罪はあくまでも、彼の個人的な思いによるものであり、それをテロとは呼べない」と語った。また、その言葉を受け政治学者の栗原康《くりはらやすし》は「そもそも〝テロ〟とは国家による暴力であり、大逆事件（明治後期から昭和初期にかけて、天皇暗殺を企てたとして社会主義者や無政府主義者が逮捕及び処刑された事件の総称）のようなものこそがテロである」、ラッパーのダースレイダーは「9・11（アメリカ同時多発テロ）以降、『テロとの戦い』が謳《うた》われ、〝テロ〟の意味が国家によってある種奪取され、反権力側がテロリストと呼ばれるようになった」とそれぞれの見解を述べた。それら、『REVOLUTION＋1』のラスト・シーンのセリフやトーク・パートでの会話上で意識されていたのは、銃殺事件が選挙期間中に起こったため、与野党問わず様々な政治家が一斉に訴えた、「山上の犯行は民主主義の根幹である選挙制度を暴力によって揺るがそうとするテロ行為であり、それに屈してはいけない」というようなメッセージだっただろう（＊1）。

一橋大学大学院の社会学研究科に所属する准教授の橋本直子も「（引用者注：安倍元総理銃殺事件）発生直後には〝政治テロ〟という表現が一部で流布《るふ》されたが、それは事実の歪曲《わいきょく》だ。さらに悪いことに、政治テロと表現することで、政治家批判・政府批判をすること自体がテロに結び付くかのような誤解を誘引しかねない」「健全な民主主義には、非暴力の政権批判、有権者による国家と政治家の絶え間なき監視と査定が絶対に欠かせない、ということをここで改めて確認したい」（＊2）と警鐘を鳴らした。やはりそこでは体制側が、ある事件を〝テロ〟と、もしくはある犯人を〝テロリスト〟と名指すことで派生する弾圧が危惧《きぐ》されている。

更に事件直後、様々な著名人から「山上の犯行は〝テロ〟ではない」という声が上がった。例えば映画監督の森達也は、事件を短絡的に〝テロ〟扱いすることで思考停止を招いてしまうのではないかと危惧する。「多くのメディアが事件を『民主主義への挑戦』と報じましたが、厳密に言えばテロではないです。ただ、容疑者にその意図はなくてもメディアが『疑似のテロ』にしてしまったと思います」「もちろん、殺害行為そのものは、明らかに飛躍であり逸脱です。でも長く酷薄な人生を送ってきた彼が、視野狭窄《きょうさく》になることは納得できる。だから、特別な人間だとは思わない」「動機がわからない、釈然としない事件が起きると人々は不安と恐怖から、同じ考えでまとまりたくなります。そして、異物に対して攻撃的になって排除しようとし、違う集団として敵視する。少しでも安心するため、わかりやすい動機を無理に作ろうとして、加害者は徹底的な『悪』とされる。その結果、正義と悪、真実と虚偽、敵と味方など二元化が進行します。見つめるべきグレーゾーンが捨象されてしまう」（＊3）

一方、批評家の東浩紀《あずまひろき》は山上の犯行をテロであると断言する立場で、「ネットや一部メディアで容疑者に理解を示す声が聞こえるのも心配だ。戦前でもテロリストに同情が集まった。それは敗戦に至る暗い歴史を準備した。虐《しいた》げられた声を掬《すく》い上げるのは重要だ。しかし暗殺が声の受け皿になってはならない。成功の印象を与えると追随者が生まれる可能性がある。これから裁判もある。ポピュリズムに流れる報道には自制を求めたい」「銃撃には確かに不幸な背景があっただろう。孤独で行き詰まった人々の包摂は必要だ。しかしそれでも、私たちはまずはテロは断固許さないという決意を繰り返し表明し続けるべきである」（＊4）と自省を促した。

第1章で取り上げたように平成20年の秋葉原殺傷事件について「あえてテロととらえたい」と書いていた東が、ここでは安倍元総理銃殺事件がテロであることを自明としている点に注目したいが、対してマンガ家の小林よしのりはそれに反論する流れで「テロにもいろんなケースがある」「同情できないテロもあれば、同情できるテロもある」「もしも山上徹也が私憤ではなく、安倍と統一協会の関係を暴《あば》き、自民党を恐怖に陥《おとしい》れてやろうという目的の下、確信を持ってテロとして犯行に及んでいたら、これもまさしく同情できるテロであり、反日カルトに侵略を受けていた日本を救った国士だと評価できただろう」と持論を展開。

「厳密なテロの定義に従うならば、山上の犯行はテロではなく、事件が契機となって政治と統一協会の関係が明るみに出て、統一協会追及へと世論が動いたのは、ものすごい偶然のなせる業だったと言うしかない」「しかしながら、日本中で今も不幸を起こしている統一協会に対して怒り、これを排除せよと思うのは全くの正義である」

「現在の報道姿勢は正しいので、大いにやってほしい。東浩紀が〝ポピュリズムに流れる報道には自制を求めたい〟と言っているが、世論の支持を集めていることを、時・処《ところ》・位による判断抜きで全《すべ》て〝ポピュリズム〟の一言で片づけて高みに上りたがる秀才バカの言うことなど、全く聞く必要はないのだ」（＊5）と結論付けた。

ちなみに第1章で書いたように〝テロ〟に厳密な定義はなく、強いて言えば様々な学説や法律における共通項が挙げられるだけであり、山上が「（犯行の要因は安倍の）政治信条に対する恨みではない」と語ったとされる供述をもとに、「政治的な目的がないので、安倍元総理銃殺事件は〝テロ〟ではない」と断定してしまうことには違和感を覚える。日本大学危機管理学部教授の福田充《みつる》によれば、「テロリズム研究が蓄積されるなかで、現代的なテロリズムの定義には、政治的な目的性は重要視されなくなった」「つまり、動機や目的の政治性ではなく、その暴力行為の結果において政治的効果や政治的影響が社会にもたらされることを重視するアプローチが主流となっている」（＊6）という。ただ「安倍元総理銃殺事件は〝テロ〟ではない」との言説における、テロの定義についての議論は言わば建前であって、それよりも核にあるのは、やはり「この事件を体制側に利用されたくない」、もしくは「自分たちのものにしたい」という奇妙な欲望なのではないか。それは川崎殺傷事件の際、犯人＝岩崎隆一に向かって大衆の代弁者たるワイドショーのコメンテーターたちが吐き捨てた言葉、「死にたいんだったら、一人で死ね」とは対照的で、むしろ山上が人々の心の奥底に広がる闇に入り込んでしまったことを意味する。確かに事件はあっという間に風化したようにも感じられるが、統一教会問題に続いて政治資金パーティーのキックバック問題で自民党の解体が進んでいるのは安倍晋三の不在によるところが大きい。そういう意味でも安倍元総理銃殺事件は紛れもないテロであり、しかもそれは日本社会における反応を見る限り、成功してしまったのだ。ひとまずはそのことを認めるところから始めなければいけないのではないか。

安倍元総理銃殺事件が令和時代の〝テロリズム〟における転換点だとしても、一方で山上のこれまでの人生は本書で取り上げてきたような無自覚なテロリストたちや、それに巻き込まれた家族たちとよく似ているように思える。

事件後、Twitter の〈silent hill 333〉なるアカウントが山上のものではないかと話題になった。前述の米本和広への手紙にもその名前が記されていたのだという。由来になったと思われるホラー・ゲーム『サイレントヒル』シリーズにカルト教団が登場することも信憑性《しんぴょうせい》を増した。同アカウントは令和元年10月13日から事件の約1週間前の令和4年6月30日まで、1364件の投稿をしている（その後、7月19日に凍結）が、それらはやはりTwitterのヘヴィ・ユーザーだった元農水次官長男殺害事件の被害者である熊澤英一郎《くまざわえいいちろう》と同じように保守的な傾向だけでなく、レイシズムやミソジニーを感じさせるいわゆるネトウヨの属性が強かった。ただし英一郎とは違い、文章は比較的理路整然としていたことも特徴である。また、やはり英一郎と同じように自身の過去について赤裸々に綴《つづ》り、それが事実に基づいていただろうことはその後の各メディアの取材で明らかになっている。

令和元年12月7日の夜、〈silent hill 333〉は約1ヶ月前に新潟市で起こった女性刺殺事件の犯人が母子家庭で育ったというオンライン記事のリンクを投稿した後、それが記憶の扉を開けたのか、もともとはエリートの血筋でありながら、兄の病気、父の母に対するDV、父の死、母の統一教会への傾倒……と、家族に次々襲いかかった不幸を滔々《とうとう》と振り返る（＊7）。

「そうだな。オレも母子家庭だった。ただし貧困ではない。むしろ裕福だった。婿《むこ》養子ではないが後継ぎとして母と結婚した父を自殺まで追い込んだ母方の祖父のおかげで」「三人兄妹の内、兄は生後間もなく頭を開く手術を受けた。10歳ごろには手術で片目を失明した。障碍者《しょうがいしゃ》かと言えば違うが、常に母の心は兄にあった。妹は父親を知らない。オレは努力した。母の為《ため》に」「死んだ父は京大出だった。父の兄は弁護士、母は大阪市大卒の栄養士、母方の叔母は医者だった。そんな環境でオレは優等生として育った。オレの努力もあったが、そういう環境でもあったのだろう」「祖父にとってオレは何だったのか。出来損ないの父の息子か、オレは祖父に見捨てられないために演じた。いや、母を殴る父の機嫌を損ねないことが始まりだったのか」「オレはつくりものだった。父に愛されるため、母に愛されるため、祖父に愛されるため。病院のベッドでオレに助けを求める父を母の期待に応えて拒んだのはオレが4歳の時だったか。それから間もなく父は病院の屋上から飛び降りた。オレは父を殺したのだ」。

そして山上は16歳の時に起こった、神戸連続児童殺傷事件の犯人（の自称）＝酒鬼《さかき》薔薇《ばら》聖斗《せいと》の名前を挙げながら、後の犯行を示唆《しさ》する。「幼稚園の頃から人との付き合い方は分からなかった。何故《なぜ》お前らはそんなに無邪気に、無垢《むく》に、あるがままでいられるのか」「オレは道化ではないが、偽り続けたという意味で人間失格に他ならない。そんな偽りの上に立つオレが、祖父が母を殺そうとするのを目の当《ま》たりにして壊れても誰がオレを責められるのか」「オレは事件を起こすべきだった。当時話題だった酒鬼薔薇のように。それしか救われる道はなかったのだとずっと思っている」「最も救いがないのは、母を殺そうとした祖父が正しいことだ。オレは母を信じたかった。それ故《ゆえ》に兄と妹とオレ自身を地獄に落としたと言われても仕方がない」「何故に母は兄のため、オレを生贄《いけにえ》にしようとするのか」「母を唆《そそのか》した韓国人によってかけられたオレのこの呪《のろ》いは、善悪の彼岸によってしか贖《あがな》われない。理屈ではないのだ。そう、韓国人が日本人を憎むのと同じように。それがオレにかけられた呪いだ」。

また令和2年1月26日の連続投稿では、母の統一教会への高額献金によって、家族の生活が困窮し、山上自身も精神的に追い込まれていく過程が詳しく語られる。「オレが14歳の時、家族は破綻《はたん》を迎えた。統一教会の本分は、家族から窃盗・横領・特殊詐欺《さぎ》で巻き上げさせたアガリを全て上納させることだ。70を超えてバブル崩壊に苦しむ祖父は母に怒り狂った、いや絶望したと言う方が正しい。包丁を持ち出したのはその時だ」「祖父はオレ達兄妹を集め、涙ながらに土下座した。自分の育て方が悪かったた、父と結婚させた事が誤りだった、本当に済まないと」「オレはあの時何を思えばよかったのか、何を言うべきだったのか、そしてそれからどうするべきだったのか、未《いま》だに分からない」。

「根本的に家族として崩壊したまま、現実は上滑りしていった。あの破綻以来、徐々に勉強は分からなくなっていったが、それでも祖父が周囲に自慢できるほどの進学校には進んだ。入試後の気の抜けた雰囲気の校内で、沈み込むオレを見てクラスメイト

達は入試に落ちたのだと噂《うわさ》した」「祖父はオレ達に土下座した後、懇願した。これ以上どうすることもできない、田舎に帰るから出て行ってくれと。この言葉はオレを縛り続けた。祖父を信じることができなかった。事実祖父は年に一度か二度、荷物をまとめるようオレに迫った。それからオレを守るのは、皮肉なことに張本人の母だった」「混乱し誤魔化し続けた現実のまま、ある日祖父は心臓発作で亡《な》くなった。これまで祖父の目を盗んで金を統一教会に流していた母を咎《とが》める者はもういない。全てを手にした母は、韓国人が選民と信じる者にしか存在しない対価と引き換えに全てを引き渡し、そして言った。『祖父の会社に負債があった』と」「祖父は死後も辱《はずかし》められたことになるが、それを知るのはそれから10年後だ」。

読ませる文章である。足立正生でなくとも、思わず作品にしたいと考えてしまうひとは多いだろう。この怒濤《どとう》のような投稿群に目を通していると、山上が「平成時代を通して先送りにされ、こじれ、限界に達しようとしている問題」に飲み込まれ、溺《おぼ》れかけながら、必死で生きようとしていたことが伝わってくる。〈silent hill 333〉の1364件の投稿を分析した政治学者の五野井郁夫《いくお》は、山上を日本におけるいわゆる〝失われた30年〟を体現する存在だと見る（＊8）。彼は22歳で任期制自衛官となり、退官後は測量士補、宅地建物取引士、ファイナンシャルプランナー2級など様々な資格を取りながら、生活の基盤を固めようとした。しかし就職氷河期にあって、なかなか安定した職に就くことができない。彼自身、25歳で自死を試みていたが、35歳の時には兄が実際に自死してしまうなど、家族の困難も終わることはない。

山上は「ネトウヨとお前らが嘲《あざけ》る中にオレがいる事を後悔するといい」（令和元年12月7日）とも投稿していたが、これは〝ネトウヨ〟を自認するというよりは、自身の苦しみがそのようなステレオタイプに押し込められてしまうことへの憤《いきどお》りを表していたのだ。

そして令和元年10月、韓鶴子の来日に際して、山上は火炎瓶を持って講演会場に向かう。その時は警備が厳しく断念するも、やがて銃の制作を始め、令和4年5月、完成のタイミングで派遣社員として勤めていた工場を退職。生活が困窮する中、6月22日に公示された第26回参議院議員通常選挙が最後のチャンスだと思ったのだろう、改めて標的を安倍に定め、随時彼の遊説《ゆうぜい》日程を確認するようになる。7月7日には銃を持って岡山市まで足を運ぶが、会場はやはり警備が厳しく断念。引き上げる途中に見たスマートフォンで、翌日、安倍が自宅の近所へとやってくることを知ったのだった。

そのような山上の経歴を知った時、京アニ放火殺傷事件の容疑者＝青葉真司を連想せずにはいられなかった。家族の崩壊、父親のＤＶと自死、就職氷河期による再起の挫折、困窮する中、自身にかけられた呪いを解くために立てられた犯行計画――山上が火炎瓶を持って韓鶴子のもとへ向かったのは、京アニ放火殺傷事件から間もない頃だ。山上の頭に青葉のことはよぎらなかったのか。後者が秋葉原殺傷事件を報道で知った際、「他人事《ひとごと》には思えなかった」と語ったように。

あるいは前述したように第3章では青葉と昭和43年に起こった連続ピストル射殺事件の犯人＝永山則夫の経歴を重ね合わせた。劣悪な家庭環境で育ち、その故郷でのトラウマから逃れるように日本中を放浪した末、通りすがりの市民4人を射殺。独房の中で生まれて初めて自主的に学ぶ内に自身の社会的立場を知って、『無知の涙』を記した彼は、令和の無自覚なテロリストたちの先達だった。

永山と山上に関しては、生い立ちだけでなく、犯行に銃を使った点でも比較出来るだろう。永山がそれを米軍基地から盗んだのに対して、山上はYouTubeの動画を見て制作の仕方を学んだという違いには、アメリカからインターネットへという日本社会にとっての地盤の変化が表れているが、前述した米本和広への山上の手紙の冒頭には、永山が自身を閉じ込めていた「風景を切り裂く」（松田政男《まさお》）ためにピストルを欲したのと同じこだわりを感じてならない。「私は〝喉《のど》から手が出るほど銃が欲しい〟と書きましたが、あの時からこれまで、銃の入手に費やして参りました。その様はまるで生活の全てを偽救世主のためになげうつ統一教会員、方向は真逆でも、よく似たものでもありました」。

時代ははっきりと転換するわけではない。安倍元総理銃殺事件もまた令和に限らない、近現代日本における無自覚なテロリズムの系譜に位置付けられていくべきなのだろう。

＊

「まだ終わっていないぞ」。何処《どこ》からかそう言われたような気がしたのは、本書の単行本版を何とか刊行して燃え尽きたようになっていた令和3年8月6日、金曜の夜のことだった。小田急電鉄・小田原線の成城学園前駅〜祖師ヶ谷大蔵駅間を走っていた快速急行内で、男が乗客を切りつけて怪我人《けがにん》が出ているという。犯人は緊急停車した車両から飛び降りて逃走中。そんな速報を目にして、まずは自分や家族が日常的に使う、当日も乗り合わせていた可能性が充分にある路線で起こった事件に背筋が寒くなったが、同時に関係妄想めいたことを考えずにはいられなかった。令和元年5月28日、小田急の急行停車駅としては成城学園前駅の隣にあたる登戸駅近くで発生した川崎殺傷事件は、本書の発端となったものだ。それからたった2年しか経《た》っていないのにも拘《かか》わらず、近隣でまたしても無差別刺傷事件が起きてしまったのだ。

結局、小田急線刺傷事件の犯人は発生から約1時間半後にあっけなく逮捕された。祖師ヶ谷大蔵駅より北に4キロほど離れた杉並区高井戸西のコンビニエンスストアの店員に「いまニュースでやっている事件を起こしたのは自分です」「逃げるのに疲れました」などと打ち明け、駆け付けた警察官に殺人未遂容疑で身柄を拘束されたのは36歳（当時）の對馬悠介《つしまゆうすけ》。しかしその続報で驚いたのは、彼の居住地が川崎殺傷事件の犯人＝岩崎隆一が暮らしていた川崎市麻生《あさお》区多摩美《たまみ》とは小田急線を挟んだちょうど向かい側の地区＝川崎市多摩区西生田《にしいくた》4丁目であり、事件直前、彼らが犯行現場に向かうべく電車に乗ったのが同じ小田急線・読売ランド前駅だったことだ。

読売ランド前駅は、近年、改装が進む小田急線において、取り残されたように古びた駅だ。もともとは西生田駅という名前だったが、昭和39年に遊園地〈読売ランド（現・よみうりランド）〉が開園したことで改名された。丘陵に挟まれた谷間のような土地に位置し、北口側に多摩美がある。西生田4丁目は南口側。「またこの街か……」。後日、猛暑の中、そう思いながら急な坂道を登っていく。一軒家が整然と立ち並ぶ多摩美に比べてもう少し雑多な雰囲気で、近隣の大学に通っているのだろう若者の姿もちらほらと見かけた。そして10分ほどかけて對馬が住んでいた2階建のアパートに辿り着いた。

2階の角部屋にあたる對馬の部屋はカーテンで閉ざされていたが、大きく割れたガラスがガムテープで補修されている様子が見て取れた。平日の日中にも拘らず1階のひとつの部屋が窓を開けていて、路上にラジオの音が響いている。入り口の方に回ると、ドアも開け放たれていた。「すいません、上の階の對馬さんについて伺いたいのですが」。暗い部屋の奥に向かって声をかける。「素っ裸だからちょっと待ってて」。そう返事があって、しばらくすると下着姿の男性が姿を現した。「今も夜勤明けなんだけど、ここには寝に帰ってくるくらいだから他の部屋のひととは付き合いがないんだよ」。他の住人も老人から若者まで年齢は様々だったが、みな概《おおむ》ね同じような返答だった。對馬は水漏れなどのトラブルがあった際も真摯《しんし》に対応していたとのことで、特別変わったところがあるわけではなかったようだが、それよりもここでもまた住人たちの口数の少なさから伝わってきたのは、とにかく取材にうんざりしているということだった。仕方がないだろう。この小さなアパートは、小田急線刺傷事件以降、日本の問題を抱え込んでいた場所として見られるようになってしまったのだ。

「(標的は)誰でも良かった」「6年ほど前から、幸せそうな女性を見ると殺してやりたいと思っていた」「(一方で)オレはなんて不幸な人生なんだろうと」「(被害女性は）勝ち組の典型に見えた」。逮捕後、取り調べで犯行の動機についてそのように述べ、それに伴って起こした実際の事件を「人を殺せなかったのは悔しいが、逃げ惑う姿を見て満足した」などと振り返ったとされる對馬は、昭和60年、青森県五所川原市で生まれている。〝對馬〟という見慣れない苗字《みょうじ》は同県に多いようだが、幼少期に家族で東京都世田谷区の小田急線・祖師ヶ谷大蔵駅近辺へと引っ越した。そこから中央大学理工学部在学中まで、對馬の少年～青年期に関して周囲の印象は決して悪くないどころか、証言から浮かび上がってくるのはサッカークラブやテニスサークルに所属し、友人も多い、今で言う〝陽キャ〟の姿だ。同級生たちは一様に記憶の中の〝ツッシー〟と事件とのギャップに驚く。しかし本人は件の動機の根本には「大学のサークルや出会い系サイトで女性に馬鹿《ばか》にされてきた」ことがあると振り返る。高校時代の友人は、久しぶりに会った對馬が「今は〝ナンパ師〟をやっている」と語ったのが意外で印象に残っているという。ただ、みな徐々に疎遠《そえん》になり、ここ10年ほどは誰も連絡を取っていなかった。周囲の印象と実状とのズレはひと知れず大きくなっていったのかもしれない。

西生田のアパートは築35年の木造。間取りは7帖《じょう》のワンルームで、家賃は2万5000円。周辺でも安い部類だ。以前、對馬は離婚した母と暮らしていたが、30歳の頃、

母の再婚をきっかけに同アパートに入った。取り調べの言葉にあった〝6年ほど前〟とはちょうどこの時期のことのようで、振り返ってみればそれが對馬にとっての分岐点だったのだろう。大学中退以降はコンビニの店員や物流倉庫の作業員など30以上の職を転々としたが、令和3年2月には派遣社員として働いていたパン工場の製造ラインの仕事を辞め、翌月、生活保護を受給し始める。その小さな部屋が結果としては對馬の人生の行き止まりとなった。事件の約1週間前にはボヤ騒ぎを起こし、消防車が駆けつけるという前兆のような出来事もあった。窓が開き、白煙と共に顔を出した上半身裸で髭面《ひげづら》の對馬に近隣住民が「大丈夫ですか」と声をかけたが、彼は無言でまた白煙の中に消えたという。

事件当日の昼過ぎ、對馬は新宿駅近くの輸入食料品店でベーコンとオリーブを万引きしようとしたところを女性店員に見つかり、通報されている。警察官は所持品検査で缶ビールと缶チューハイ、カッターナイフを発見。アルコール類はやはり周辺のコンビニで万引きしたもので、カッターは護身用に持ち歩いていたという。對馬は銃刀法違反容疑で事情聴取を受け、逮捕は免れたものの、18時過ぎ、住居の確認もあって警察車両で西生田のアパートまで送られている。そしてひとりになった對馬は、通報した女性店員に仕返しをしようと考え、家にあった刃渡り20センチの牛刀包丁とハサミ、逃走用と見られる着替えをトートバッグに入れて読売ランド前駅へ向かう。包丁は数年前、自殺しようとインターネットを通して買ったものだったが、「痛そうなので」止めていた。

しかし對馬は途中で件の輸入食料品店は既に閉店している時間だと気付き、目的を切り替える。もともと「ひとが油断していて、逃げ場がなく、大量に殺せる場所」として、電車内での犯行を夢想していたという。「幸せそうなひとがたくさんいる場所」として、渋谷駅前のスクランブル交差点を狙おうと考えたこともあった。對馬は包丁で襲うだけでなく放火も行うべく、駅前のスーパーマーケットでサラダオイルとライターを購入後、読売ランド前駅で各駅停車に乗車。3つ先の登戸駅で降りると快速急行を待った。同列車が次に停《と》まるのは下北沢駅で、約8分間、密室状態が続くことになる。

對馬はやってきた10両編成の快速急行・6両目に乗り込むと、標的を物色しながら列車の進行方向、隣の7両目へ移動。ピンク色のワンピースを着て、白いショルダーバッグを掛けた20代の女性がスマートフォンを操作している姿が目に留まる。曰《いわ》く「勝ち組の典型に見えた」。對馬は包丁を取り出して逆手に持つと、いきなり女性の胸部に突き刺した。更にもう一度。必死で逃げる女性の背中を切りつけながら、混乱する周囲の人々にも危害を加えた。包丁はすぐに根元から折れたため、8両目で放火をするべくサラダオイルを撒《ま》いてライターを近づけるが、青葉が使ったガソリンとは違って引火点が250度〜300度と高いため一向に火がつかない。その内に乗客から事件を知らされた運転士が祖師ヶ谷大蔵駅で列車を緊急停止。慌《あわ》てた對馬はトートバッグやスマートフォンを捨てて外に飛び出す。駅を出ると眼鏡やピアスも捨て、上着を裏返し、無施錠《むせじょう》の自転車を盗んで走り出したものの、わずか4キロで人生を賭《か》けた逃走を諦めた。

前述したように筆者は小田急線刺傷事件の第一報で川崎殺傷事件を想起した。しかし取材を進める内にふたつの事件の相似点は對馬悠介と岩崎隆一の居住地や各々《おのおの》の犯行現場がすぐ近くだという、土地に関することだけではないと分かった。岩崎は動機について何も語らぬまま自死してしまったが、20年に亘《わた》ってひきこもりが続いたところで、彼を経済的に支えてきた伯父夫婦が高齢によって介護施設への転居を検討、身の振り方を迫った手紙を彼の部屋の前に置いたことが犯行のトリガーとなったと見られる。一方、對馬は非正規雇用労働者として働き続ける中で経済的に困窮、友人や家族といった縁も失い孤立した状況で、女性店員に万引きを咎められたことがトリガーだった。ふたりは同じ時代を生き、同じように社会の周縁へと滑り落ち、同じように通り魔事件を起こした。山上と青葉に関係性を見出《みいだ》すように、對馬もまた令和元年5月、駅の反対側にいた岩崎の犯行を知った時に何を感じたのだろうかと思わずにはいられない。

もちろん、ひとつの事件は様々な観点から複数の事件との関係性を見出し、捉《とら》え直すことが出来る。例えば社会学者の上野千鶴子《ちづこ》は對馬が乗客の中で真っ先に女性を狙ったことに着目、小田急線刺傷事件をミソジニー（女性嫌悪）に基づく犯罪だとして、かつて韓国・ソウルで起こった殺人事件と比較した（＊9）。２０１６年（日本の元号だと平成28年）5月17日深夜1時過ぎ、江南《カンナム》駅近くのカラオケバーの男女共有トイレに入った23歳の女性が、突然、面識のない34歳の男に胸部を4回に亘って突き刺され、死亡。犯人は個室トイレに30分程潜んでいたが、途中、入ってきた男性は狙わず、女性が来るのを待ち構えていたという。取り調べでは犯行動機を「女性に無視されてきた」からだと述べた。

そして韓国の女性たちは江南駅の壁に被害女性への追悼や、自分たちが男性から受けた理不尽な体験を書いたポストイットを貼《は》るようになり、その動きが韓国におけるフェミニズムの盛り上がりへと繋がっていく。もともと事件は〝変質者〟によるもの

──つまり誰が狙われてもおかしくなかったという論調で報道されていたが、上野は女性たちが「事件の概念を〝変質者〟から〝ミソジニー〟にリフレイミング（引用者注：別のフレーム＝枠組みでの捉え直しを）することで、問題を明確に浮かび上がらせたのです」と言う。

また、上野は小田急線刺傷事件に関しても、速報では真っ先に女性が狙われたことは明かされず、無差別刺傷事件を窺《うかが》わせる内容だったと指摘する。プライバシーに考慮したのかもしれないが、フェミニストのネットワークでは直《す》ぐに情報が飛び交っていたそうだ。続く報道で最初の被害者が20代の女子学生であると明らかにされ、前述したように對馬の取り調べにおける「幸せそうな女性を見ると殺してやりたいと思っていた」「（被害女性は）勝ち組の典型に見えた」といった発言がセンセーショナルに取り上げられた。SNSでもこの事件を〝フェミサイド〟（女性を標的とした殺人）として捉える意見が目に付くようになる。日本でもいわゆる通り魔事件からリフレイミングがなされたわけだが、上野は對馬の辿った人生や置かれていた状況を踏まえた上で、「この事件を〝ミソジニー犯罪〟と呼ぶか、〝貧困と学歴崩壊が招いた犯罪〟とするかによって、問題の捉え方は違ってきます」と言う。まさに後者の観点から事件を捉えた筆者には、前者のそれが欠けていた。あるいは川崎殺傷事件、元農水次官長男殺害事件、京アニ放火殺傷事件——そして安倍元総理銃殺事件。本書で取り上げてきたのはどれも〝男〟たちが起こした事件だったと改めて思う。山上がTwitterに残した1364件の投稿の中でも、統一教会関連以上に、特に執拗《しつよう》に繰り返されていたのがミソジニー／反フェミニズムを感じさせる主張だった。

一方で、江南駅近くで起こった殺人事件に関しては、鑑定によって犯人の精神疾患が確認されたため、犯行動機をミソジニーだと言い切ることに懐疑的な見方もある。小田急線刺傷事件でもフェミサイドだとする見方に異論が出ていて、例えば文筆家の御田《みた》寺圭《てらけい》は、10人の被害者の内、半分は男性だったことや、初期の報道で伝えられる犯行動機は取り調べをした警察のバイアスがかかっているケースがままあるため、結論を急ぐべきではないことを指摘する（＊10）。

御田寺は法務省による統計調査資料（「無差別殺傷事犯に関する研究」の第3章）「無差別殺傷事犯の実態」を参照して以下のように書く。「こうした〝通り魔〟的犯行に及ぶ人びとは、住所不定者や施設入所者の割合が高く、また交友関係も狭く交際経験も乏しく、半数以上が無収入者であることが確認されている。相当過大に見積もっても、かれらのほぼ全員は恵まれた社会生活を送っている者ではない。社会的・経済的・人間関係的に厳しい状況にある人びとである。かれらはその厳しい状況のなかで、人間社会そのものに絶望や憎しみを抱くようになっていった」。

　御田寺によれば2010年（平成22年）にマツダ本社工場連続殺傷事件を起こした引寺《ひきじ》利明《としあき》や、2015年（平成27年）に湯川遥菜《はるな》と後藤健二を殺害したとされるジハーディ・ジョン、2018年（平成30年）にカナダ・トロントで自動車暴走殺傷事件を起こしたアレク・ミナシアンは国籍も年齢も動機もばらばらだが、社会における〝疎外者〟だった点で共通している。通り魔事件はそういった人々が一定の割合で暴発してしまう言わば事故であり、その責任は彼らを「自らの手で直接包摂することをせず、ほとんど無意識的に（罪の意識を感じることがないような方法で）辺縁部に追いやり、不可視化することを選んでいる」社会＝我々も負っている。「言うまでもないが、通り魔やテロなどの行為自体はけっして許されるわけではない。だがそうした行為に及んだ人びとの〝差別性〟〝加害者性〟にのみ注目してしまうのはナイーブな議論である。『私たちとはまったく相容《あいい》れず無関係な狂人が、お門違いな憎悪《ぞうお》や差別心を募らせた結果だ』とすれば、自分たちや自分たちの暮らす社会の無謬性《むびゅうせい》や正当性を守りながらたやすく〝切断処理〟してしまえるが、しかしそれでは〝通り魔〟という結果を生み出した原因のより深層にあるものを知ることができなくなる」。

　ただし御田寺は記事の冒頭で「一部の人びとはまるでこうした出来事（引用者注：

小田急線刺傷事件）を『待ってました』といわんばかりに声を荒げ、『フェミサイドだ！』『女性が幸せそうにしているだけで私たちを殺さないで！』『日本は女性が命の危険にさらされる女性差別大国！』などと勢いづいていた」と皮肉っぽく書いているが、インターネットでは〝フェミサイド〟だった可能性をむしろ肯定的に捉え、まさにミソジニー的文脈から對馬に共感を示す投稿も少なからずあったことは注意すべきだろう。もしくは加害者も被害者だった、被差別者の弱者男性だったという主張の背景には、山上の犯罪に対して「この事件を体制側に利用されたくない」「自分たちのものにしたい」と感じた人々と同様の思考があるのかもしれない。

ちなみに上野が言うのは、小田急線刺傷事件が〝貧困と学歴崩壊が招いた犯罪〟ではなく〝ミソジニー犯罪〟だということではない。むしろその両方であったということで、暴発的事件において暴力が〝弱者〟から〝弱者〟へと向かう傾向こそを問題視しているのだ。「事件は、その社会の問題の多面性を表すことがあります。この小田急刺傷事件は、一つには、冒頭に述べたとおりに〝ミソジニー事件〟として、女性にとって被害は他人ごとではないという側面があります。それと同時に、對馬容疑者が陥ったように貧困や学歴崩壊など社会的に弱い立場に追いやられたら、攻撃性が更に弱者に向かうことがあっても不思議ではないという人間の一面も表しています」（＊

9）。そして令和3年は小田急線刺傷事件の悪意が伝染していくかのように、對馬と同様、追いやられた男達による無差別暴力事件が続くことになる。

令和3年10月31日午後8時頃、京王電鉄・調布駅。新宿に向かう特急電車に、短髪を金色に染め、紫色のコートとスーツ、緑色のシャツを着込んだ男が乗車した。当日はハロウィンだったため、他の乗客はその奇妙な格好を特に気にすることもなかった。しかし男がリュックサックから刃渡り30センチのナイフや殺虫剤のスプレー缶を取り出す様子を見た72歳の男性は、流石《さすが》に「何をやっているんだ」と咎める。するといきなりスプレーを顔に吹きつけられ、ナイフで右胸を刺された。更に男は逃げ惑う他の乗客にペットボトルに入れたライター用のオイルをかけると、火の着いたライターを投げつける。床から火柱が上がり、煙が充満する中、非常ボタンが押され、列車は本来通過する調布駅の2つ隣の国領駅で緊急停車。しかしドアが開かず、乗客は必死に窓から脱出を試みる。

東京消防庁は17人を搬送。最初に刺された男性が意識不明の重体で、他の被害者は主に煙を吸って喉を痛めた程度で済んだ。殺人未遂容疑で逮捕されたのは24歳（当時）の服部《はっとり》恭太。動機については「仕事を失い、友人関係も上手《うま》くいかず、ひとを殺して死刑になりたかった」「犯行は小田急線の事件を真似《まね》た。サラダオイルでは火がつかなかったようなので、ライター用のオイルを用意した」などと話した。

11月8日にも熊本駅～新八代《しんやつしろ》駅間を走行中の九州新幹線〈さくら401号〉の車内で男が可燃性の液体を撒き、火をつけている。怪我人はいなかったが、放火未遂容疑で逮捕された69歳（当時）の三宅潔《みやけきよし》は自殺をしようと考え、京王線刺傷事件を真似たという。

そして年も押し迫った12月17日午前10時20分頃、大阪市北区曾根崎《そねざき》新地1丁目の雑居ビル4階で営業していた心療内科〈西梅田こころとからだのクリニック〉の入り口付近で放火による火災が発生。消火後、逃げ遅れた27名が心肺停止状態で搬送された。中には容疑者である61歳（当時）の谷本盛雄《もりお》もいたが、何も語らないまま30日に死亡。自身もこの病院の患者だった。谷本はかつては腕のいい板金職人で、妻とふたりの息子がいたが、平成20年に離婚した頃から仕事を休みがちになったという。平成23年には元家族を無理心中に巻き込もうとして懲役4年の判決が下っている。

放火殺傷事件の1ヶ月ほど前、谷本はかつて家族と暮らした一軒家にひとりで戻ってきた。そこで犯行の準備を進めていたと見られ、家宅捜索では計画を記したメモの他、京アニ放火殺傷事件や、令和3年3月、それを模倣してご当地アイドルがライヴ・パフォーマンスを行っていた徳島市の雑居ビルに放火した事件に関する新聞記事の切り抜きが発見されている。犯行当日、谷本はまず思い入れがあるだろう自宅に火を放つと、自転車の後ろにガソリンが詰まった携行缶を入れた紙袋を乗せ、3・5キロ先のクリニックを目指した。

京王線刺傷/放火事件を起こした服部恭太は福岡市出身で、高校を卒業後、介護ヘルパーやネットカフェの店員として働いてきた。令和3年6月には携帯電話会社のコールセンターの仕事を客とのトラブルが要因となって退職。7月、家族には「気分転換に旅行に行く」と言って、福岡市を離れた。神戸市と名古屋市に1ヶ月ずつ滞在。その間、小田急線刺傷事件のニュースと、ある映画を見たという。それは、彼がもともと心酔していたアメリカン・コミック『バットマン』を代表するヴィラン=〝ジョーカー〟が登場する作品だった。そして9月末に東京へ辿り着き、新宿のファッションビルで20万円をかけて購入したのが、事件時に着ていた紫色のコートとスーツ、緑色のシャツだ。その格好はジョーカーのコスプレだったわけだが、それを知った時に、多くのひとは日本でも令和元年10月に公開された映画『ジョーカー』(トッド・フィリップス監督作品)に登場する、ホアキン・フェニックス演じるジョーカーを連想しただろう。

同作の主人公＝アーサー・フレックは精神疾患を抱え、福祉のサポートを受けながら、年老いた母を介助している。経済的にも苦しい中、ピエロの仕事も上手くいかないが、コメディアンになるという夢と、同じマンションに住むシングルマザーのソフィーとの交流だけが心の支えである。そんなアーサーはある日、仕事をクビになってしまい、更に電車内でたまたま居合わせたエリート・サラリーマンたちから暴行を受け、抵抗する形で彼らを殺害、逃走する。ところがピエロ姿の殺人者は反エスタブリッシュメントの象徴として、舞台＝ゴッサム・シティの市民の間でヒーロー化されてしまう。やがて母、福祉、ソフィー、そして夢……全てに裏切られたと思い込んだアーサーは、市民の勘違いを内面化するように〝ジョーカー〟へと変貌《へんぼう》を遂げる。そしてアーサー＝ジョーカーの悪意が伝染するように街中で暴動が起こる。

『ジョーカー』のあらすじはざっと以上のようなものだが、同作に心酔していたのが山上徹也だった。前述した令和2年1月26日におけるTwitterへの、母の高額献金で家族が崩壊していった過程に関する連投には続きがあって、それは「ジョーカーは何故ジョーカーに変貌したのか。何に絶望したのか。何を笑うのか」というものだ。

山上は令和元年10月5日、映画館で公開されたばかりの『ジョーカー』を観《み》て、翌日、韓鶴子の講演会場に火炎瓶を持って向かう。同年同月16日には「彼（引用者注：アーサー）はジョーカーに扮《ふん》した後でも、自分ではなく社会を断罪しながら目に浮かぶ涙を抑えられない。悪の権化としては余りにも、余りにも人間的だ」、20日には「ジョーカーという真摯な絶望を汚す奴は許さない」と投稿している。アーサーだった山上は、安倍を撃ったことで本当にジョーカーになってしまったのだろうか。少なくとも、「彼の犯罪は許されることではない。しかし」……そう前置きをしながら、嬉々《きき》として政治家と統一教会の癒着を糾弾する私たちは、『ジョーカー』のラスト・シーン、アーサー＝ジョーカーの暴走に便乗して暴動を起こす人々によく似ている。

ただし『ジョーカー』におけるアーサー＝ジョーカーが着ていたのは赤のスーツである。一方、紫色のスーツを選んだ服部が意識していたのは、恐らく映画『ダークナイト』（クリストファー・ノーラン監督作品、平成20年日本公開）における故ヒース・レジャー演じるジョーカーの方だ。こちらのジョーカーは、弱者男性を象徴するアーサー＝ジョーカーと対照的に知的で、冷酷で、カリスマ性を持つ。また『ダークナイト』では劇中、自身がジョーカーになるまでの陰惨な過去が何度も語られるが、毎回異なり、どれもステレオタイプな物語である。つまり犯罪者には固有の社会的背景が存在するというロジックから自由な、まさに純粋な悪だというわけだ。服部はそこに憧《あこが》れた。彼はどちらかと言えばアーサー＝ジョーカーに近い存在だが、山上とは違ってその事実を認めないだろう。服部の犯行後、警察が駆けつけると彼はシートに座って煙草を吸っていた。『ダークナイト』のジョーカーを気取り、平然を装《よそお》っていたのだろうが、乗客がホームから窓越しに撮影した動画に写っているのは〝中二病〟というスラングがしっくりくる、何とも痛々しい姿である。

量刑が被害者の数や被害の程度で決まってしまうことは確かだが、例えば京アニ放火殺傷事件と安倍元総理銃殺事件、あるいは川崎殺傷事件と小田急線刺傷事件とを比べて、どちらが重大な事件かなどと、当事者／関係者でも法律家でもない自分のような人間が評するべきではない。実際、小田急線刺傷事件でも被害者は身体と心に大きな傷を負っている。それでも他の事件に比べて、對馬の犯行にはディテールに言わば〝ショボさ〟が目立つ。襲撃しようと考えた店舗が既に閉まっていたこと、サラダオイルを用いて放火を試みたこと、あっという間に逃走を諦めたこと。事件は往々にしてその凶悪さによって時代を象徴すると語られがちだが、小田急線刺傷事件の〝ショボさ〟が象徴するものもあるのではないか。そして『ダークナイト』の純粋な悪としてのジョーカーに憧れつつ、對馬の犯行を模倣した服部の犯行にもやはり〝ショボさ〟が感じられる。

どうしようもなく社会的背景に囚《とら》われ、振り払おうにもそれをつくり出したシステムに暴力を向けることは出来ず、同じ市民を刺し、電車を燃やし、一瞬、世間を騒がすがあっという間に忘れ去られる。そのショボい、卑近な悪こそが令和時代のテロリズムの本質だ。しかし確かにそこで傷付けられ、殺されたひとたちがいる。ショボさ、卑近さは、どうでもいいということを意味するのではなく、この犯罪が私たちのすぐそばで起こったことを表しているのだ。

ところで令和3年には、『ジョーカー』のように、あるいは『REVOLUTION＋1』とはまた別の形で、現代の無自覚なテロリズムに向き合った作品が発表されている。藤本タツキの漫画『ルックバック』だ。第3章で「芸術／文化はひとを救うのか」という問題について考えたが、同作はそれに対する芸術／文化の側からのアンサーであると言ってもいい。

藤本にとって出世作となった『チェンソーマン』第1部終了後の7月19日、突然、ウェブサイト／アプリケーション〈少年ジャンプ＋〉で配信された中編『ルックバック』は、自信家の藤野と引きこもりの京本というふたりの少女が漫画制作を通して友情を深める物語だ。前半は令和版『まんが道』のような瑞々《みずみず》しい雰囲気で展開していくが、しかし後半、それががらっと変わる。高校を卒業したふたりはそれぞれの道へ進み、藤野はプロの漫画家に、京本は美術大学へ進学。そして作中の日付では平成28年1月10日、不穏なニュースを目にした藤野のペンを持つ手が止まる。「今日正午、山形県山形市の美術大学の校内にて、住所不定の男が斧《おの》のような物で学生らを切りつける事件が発生しました」。12人が死亡、3人が重傷。京本も死亡者のひとりだった。藤野は、京本が引きこもりのままだったら、自分と漫画を描くことで外の世界に出なければこんな目に遭わずに済んだのではないかと苦悩する——。

物語の結末を言ってしまうと、『ルックバック』は京本のことを思いながら、それでも漫画を描き続けることを選んだ藤野の後ろ姿で終わる。同作には、7月19日という配信のタイミングからしても、その2年前の前日に起こった京アニ放火殺傷事件への哀悼の意が込められていることは明白だった。また、作中で事件が起こる1月10日は、平成19年に京都精華大学マンガ学部の1年生が帰宅中、何者かに刺殺された未解決事件が発生した1月15日と近く、その事件もモデルになっているのではないかとの指摘も多い。

『ルックバック』は大きな反響を呼んだ。しかし絶賛の嵐《あらし》の中で批判の声も上がる。作中の加害者の描写が、幻聴や妄想を伴う統合失調症のステレオタイプになってしまっているのではないかというものだ。例えば、「大学内に飾られている絵画から自分を罵倒《ばとう》する声が聞こえた」といった事件についての記事の文章や、「オマエだろ　馬鹿にしてんのか？　あ？」「さっきからウッセーんだよ!!　ずっと!!」や、「元々オレのをパクったんだっただろ!?」「ほらな!!　お前じゃんやっぱなあ!?」といった加害者のセリフがそれにあたる。精神科医の斎藤環《さいとうたまき》は、当時のTwitterにおいて「読んで圧倒された。漫画には、こんな追悼も可能なのか」と評価した上で、「ただし1点だけ。やむを得ないとは思うけれど通り魔の描写だけネガティブなステレオタイプ、つまりスティグマ的になっている。単行本化に際してはご配慮いただければ」と苦言を呈した。

それらの批判を受けて〈少年ジャンプ＋〉編集部は8月2日に「『ルックバック』作品内に不適切な表現があるとの指摘を読者の方からいただきました。熟慮の結果、作中の描写が偏見や差別の助長につながることは避けたいと考え、一部修正しました」とツイート。前述の記事の文章は「『誰でもよかった』と犯人が供述して」に、セリフは「今日自分が死ぬって思ってたか？　あ？」「今日死ぬって思ってたか!?」、及び「絵描いて馬鹿じゃねえのかああ!?」「社会の役に立てねえクセしてさあ!?」に変更された。

ただ、オリジナルのセリフ（「元々オレのをパクったんだっただろ!?」）では、加害者もまた創作者だったこと、被害者たちと同じように芸術／文化を愛する人間だったかもしれないことが示唆されていたわけで、これでは単なる理解不能なモンスターになってしまっていると改変を惜しむ声もあった。もともと、京本は自室に引きこもった社会的疎外者だったが、芸術／文化によって救われ、しかしそれによって死をもたらされた。では加害者は「自身の作品が盗作されている」という妄想に囚われる以前、芸術／文化に救われたことはあったのだろうか。ふたりは芸術／文化に耽溺《たんでき》さえしなければ出会わずに済んだのだろうか。しかし——そのような切実が故に堂々巡りの問いを『ルックバック』は投げかけていたはずなのだ。〝ルックバック〟というタイトルには、文字通りの「過去を振り返る」ということだけでなく、京本が漫画制作で背景（バック）を担当していたことの含意があるだろうが、そこには「事件の（社会的）背景を見よ」というメッセージも読み取れるかもしれない。

実は『ルックバック』には9月3日刊行の単行本で、もう一度、修正が行なわれた。そこでは前述の事件についての記事の文章は「被告は『ネットに公開していた絵をパクられた』と供述しており」に、加害者のセリフは「この間の展示っ…　俺の絵に似たのっ…　あったろ?　あ?」「俺のネットにあげてた絵!　パクったのがあったろ⁉」」、及び「俺のアイディアだったのに！」「パクってんじゃねえええええ」に変わっている。ここでは幻聴の表現は避けつつ妄想の表現を復活させ、明らかに意図的に、加害者を青葉真司を連想させるキャラクターにしている。

令和5年9月5日に始まった京アニ放火殺傷事件の裁判（＊11）で青葉は、犯行の動機や正当性として、「自分が書いた小説を京都アニメーションにパクられた。『闇の人物ナンバー2』が京アニに盗作を指示した」などといった妄想としか思えない持論を依然展開、弁護側も重度の妄想性障害であり、被告には責任能力がないと主張した。また、青葉が被害者遺族に詫《わ》びた上で、「私の小説をパクったりしたことに京アニは良心の呵責《かしゃく》もなにもなく、被害者という立場だけなのでしょうか。自分は罰を受けなければなりませんが、京アニが私にしたことは不問なのですか」と反論する場面もあった。このような主張を展開する姿は、やはり理解不能なモンスターだと思われても仕方がない。

一方で、裁判では彼が犯行直前、京アニ第1スタジオの前でガソリンの入ったバケツを横に置いたまま、13分間に亘って逡巡《しゅんじゅん》していたという事実も明らかになった。「ためらった。自分みたいな悪党でも小さな良心があった。ただこの10年間、働いて、やめさせられて、刑務所に入れられ、小説を送ったら叩き落されて、パクリもあった。

光の階段を上る京アニに比べ、自分の半生はあまりにも暗い。やはり、ここまできたらやろうと」。結局、36人もの人々が亡くなり、33人もの人々が負傷したのだ。彼の逡巡にある種の人間味を感じること自体がためらわれる。それでもこの凶悪事件の原点に、京アニ制作のアニメ『涼宮《すずみや》ハルヒの憂鬱《ゆううつ》』に感銘を受け、谷川流《ながる》の原作小説をいわゆる大人買いして、自身でも小説を書き始めた、ショボい創作者がいるのだと思うと、そのあまりの身近さに眩暈《めまい》がしてくるのだ。しかし結果として件の逡巡は、妄想の影響が限定的であることの証左のひとつとして捉えられただろう。令和6年1月25日。全22回、１００時間以上に及んだ審理を経て、青葉真司には死刑判決が下された。

犯行前、服部恭太は渋谷駅前のハロウィンの喧騒を見物していたという。その年、人気が高かったのは、ドラマ『イカゲーム』のコスプレだった。コロナ禍の街で、困窮者が殺し合うゲームを模してはしゃぐ若者たちの横を、ひとり、服部は歩いていった。その後ろ姿を思い浮かべる。そして声をかけるところを想像する。どうすれば彼を立ち止まらせられたのだろうかと。山上だってそうだ。彼だってもともとはショボい人間だったはずである。私たちと同じように。それがあの手製のまさにショボい銃から発せられた弾丸が、元内閣総理大臣の体にあたったことでジョーカーに祭り上げられてしまった。私たちの誰かは山上と、彼がまだショボい時に出会うべきだったのだ。

（本章は文庫化に際し、『新潮』2022年4月号掲載「令和三年のテロリズム（後篇）」、『同』2022年9月号掲載「安倍元首相射殺事件――令和四年のテロリズム」を再構成、大幅な加筆を行なったものである。また本文での引用では可読性を高めるために表記の変更／統一を行った）

＊1　各党の代表の発言は以下のようなもの（〈テレ朝news〉令和4年7月8日付の記事を参照）
「民主主義の根幹たる自由で公正な選挙は絶対に守り抜かなければならない。決して暴力に屈しない断固たる決意のもと、予定通り選挙活動を進める」（内閣総理大臣＝岸田文雄）
「民主主義の最も基本的な表れである参議院選挙の最中に、言論を封殺するような暴力行為が行われたことを断固非難」（公明党代表＝山口那津男）
「こういった蛮行が二度と繰り返されないよう、党派を超えて全力で対応しなければならない」（立憲民主党代表＝泉健太）
「テロに屈すると相手の思うつぼ。民主主義は暴力に負けない」（日本維新の会代表【当時】＝松井一郎）
「これは民主主義の国では絶対許してはならない暴挙」（共産党委員長【当時】＝志位和夫）
「自由な論戦が最も保障されなければならない選挙期間中に起こされた今回の銃撃事件は、言論と政治活動を封じるものであり、許されない」（れいわ新選組代表＝山本太郎）
「いかなるテロも、いかなる暴力にも断固反対」（社民党党首＝福島みずほ）
「民主主義に対する脅威。国民の皆様にはこういったことにくじけることなく、選挙に参加頂きたい」（NH

K党【現・みんなでつくる党】党首【当時】＝立花孝志）
＊2　〈Forbes〉令和4年7月16日付
＊3　〈朝日新聞 DIGITAL〉令和4年7月24日付
＊4　〈AERA〉令和4年8月8日号
＊5　〈MAG2NEWS〉令和4年9月22日付
＊6　福田充『新版・メディアとテロリズム』（新潮社、令和5年）
＊7　山上徹也の Twitter 投稿は五野井郁夫／池田香代子『山上徹也と日本の「失われた30年」』（集英社インターナショナル、令和5年）に掲載されたものを参照
＊8　同右
＊9　〈AERA dot.〉令和3年8月13日付
＊10　〈PRESIDENT Online〉令和3年8月19日付
＊11　京アニ放火殺傷事件裁判での青葉真司の証言は、令和6年1月20日放送の『報道特集』（JNN／TBS）から引用

この作品は令和三年三月新潮社より刊行された。

令《れい》和《わ》元《がん》年《ねん》のテロリズム

新潮文庫　い-139-2

令和六年五月一日発行

著者　磯《いそ》部《べ》涼《りょう》

発行者　佐藤隆信

発行所　株式会社新潮社

郵便番号　一六二—八七一一
東京都新宿区矢来町七一
電話　編集部(〇三)三二六六—五四四〇
　　　読者係(〇三)三二六六—五一一一
https://www.shinchosha.co.jp

価格はカバーに表示してあります。

乱丁・落丁本は、ご面倒ですが小社読者係宛ご送付ください。送料小社負担にてお取替えいたします。

印刷・錦明印刷株式会社　製本・錦明印刷株式会社

ISBN978-4-10-102842-2 C0195